Comment motiver

Éditions d'Organisation
1, rue Thénard
75240 Paris Cedex 05

Consultez notre site :
www.editions-organisation.com

Xavier MONTSERRAT

Comment motiver

Éditions
d'Organisation

« Ils peuvent, parce qu'ils pensent qu'ils peuvent. »

VIRGILE

Sommaire

Partie 3
La performance,
au cœur du cercle vertueux de la motivation

Introduction

Qu'est-ce qui nous pousse à agir ? L'histoire de l'être humain est ancrée dans celle de ses motivations. De la révolution néolithique à la mondialisation, la motivation est liée à la notion de besoins et à la recherche de la satisfaction de ces besoins. Cette constante du développement humain s'inscrit dans une dynamique exponentielle dans laquelle plus les hommes et les femmes réussissent à satisfaire leurs besoins, plus ils ont tendance à les multiplier. Au cœur de toutes les organisations humaines émerge la question fondamentale de la motivation. L'enjeu véritable consiste à comprendre ce qui peut motiver les individus et les conduire vers davantage de performance individuelle et de réussite collective. C'est une préoccupation majeure pour l'ensemble des acteurs et plus particulièrement pour les dirigeants. Il n'est en effet plus possible aujourd'hui d'exiger la motivation et de chercher à tout prix à imposer la performance sans faire appel aux attentes et aux aspirations individuelles.

Réfléchir davantage sur le pourquoi que sur le comment

Réfléchir sur la motivation c'est avant tout réfléchir sur les valeurs et le sens de l'action, s'interroger davantage sur le pourquoi des choses que sur le comment. Si le terme de motivation connaît actuellement un grand succès, motiver a toujours constitué une préoccupation majeure quelles que soient les époques. Depuis l'origine, un intérêt particulier a été porté à tout ce qui touche l'influence des Hommes[1] sur les Hommes. En psychologie, c'est à partir des recherches et des publications de Paul DIEL,[2] que le terme de motivation s'est développé. Dans l'univers de la publicité Ernest DITCHER[3] et Louis CHESKIN se disputent la paternité du terme dans les années 1930. En pycho-sociologie et management, Abraham MASLOW apparaît comme l'un des premiers et des plus célèbres théoriciens de la motivation.[4] Depuis le succès de la « théorie de la pyramide », le foisonnement des apports théoriques a généré une véritable confusion conceptuelle favorisant la prolifération de modèles théoriques fragmentés.

---

1. Par convention, le générique masculin est utilisé sans discrimination, avec une majuscule il désigne l'espèce humaine, en minuscule il désigne le genre masculin.
2. Paul DIEL : *Psychologie de la motivation*, PUF, 1947.
3. E. DICHTER : *La stratégie du désir*, 1960.
4. Abraham H. MASLOW : *Motivation and personality*, New York, Harper & Row, 1954.

Chaque individu tend vers un but qu'il se fixe lui-même, celui-ci est déterminé par différents facteurs, tels que le besoin de performance, le sentiment d'utilité, le dépassement de soi, la quête de reconnaissance ou la recherche du pouvoir. La persistance de tabous sociaux explique la difficulté à parler de certains aspects de la motivation liés en particulier aux émotions et au pouvoir. Sur le plan éthique, l'étude de la motivation pose inéluctablement la question de la prédictibilité et de la manipulation des comportements.

Pas de modèle clés en main

Il faut se résoudre à admettre qu'il n'existe pas de modèle type de management de la motivation. Face à la multiplicité des approches conceptuelles et aux nombreuses méthodes proposées clés en mains, force est de constater l'absence de référence unique. La recherche à tout prix d'un mode d'emploi est un leurre, la fétichisation des outils et les recettes miracles sont définitivement vouées à l'échec. La complexité humaine s'accommode mal de solutions toutes faites et la motivation interroge toutes les nuances des comportements humains. Si l'exploration de la motivation commence par l'abandon des certitudes trop établies, en revanche, il convient de ne pas sous-estimer l'expérience personnelle et l'important savoir empirique de chacun.

Le parti pris de cet ouvrage est l'analyse des phénomènes liés à la motivation au sein des organisations, en tentant d'échapper à une lecture mono-disciplinaire et en cherchant à développer une approche éclectique[1] et pragmatique du sujet. L'élément humain restant irrationnel et irréductible, il importe d'échapper à l'enfermement des certitudes et d'éviter la facilité des solutions toutes faites. La complexité de l'agir individuel et collectif impose l'humilité dans l'analyse, l'imprévisibilité des comportements conduit à la modestie dans l'interprétation des concepts et le caractère paradoxal, voire même contradictoire de la nature humaine incite à la prudence dans l'énoncé des conclusions. Dans un contexte général d'effondrement de la valeur travail, de réduction du temps de travail et de perte des repères traditionnels, la motivation reste un carrefour essentiel d'interaction entre le vouloir individuel, le savoir-faire et le pouvoir ou la marge d'autonomie accordés par l'organisation (voir figure page suivante).

Une notion difficile à définir

Chacun est désormais soumis simultanément à l'instantanéité du temps, la globalisation de l'espace et l'accélération brutale du changement. Dans cet environnement, la dynamique motivationnelle constitue la principale force vitale interne et individuelle génératrice d'effort et de mouvement.

---

1. Éclectisme, au sens de l'École philosophique de Potamon d'Alexandrie, recommandant d'emprunter aux divers systèmes les thèses les meilleures quand elles sont conciliables, plutôt qu'édifier un système nouveau.

La motivation : un phénomène multidimensionnel

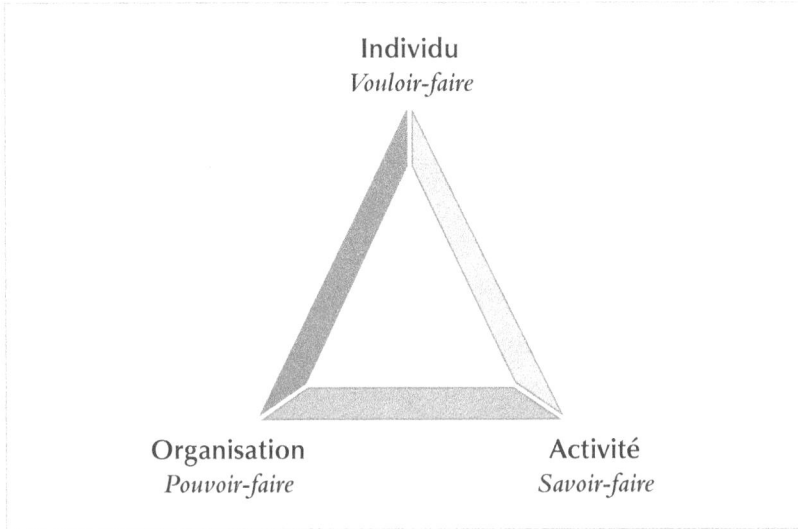

Individu
Vouloir-faire

Organisation
Pouvoir-faire

Activité
Savoir-faire

La motivation[1] est le moteur de la vie, elle initie et oriente la dynamique comportementale. C'est la somme des forces qui agissent sur un individu ou en lui-même, pour l'engager dans une direction déterminée et le conduire vers un but. C'est la tension qui oriente le comportement vers un objectif et qui maintient celui-ci jusqu'à ce qu'il soit atteint. Son niveau confère à toute démarche trois caractéristiques : la force, la direction et la persistance. En cherchant à combler ses désirs et ses besoins, l'être humain contribue à diminuer son insatisfaction naturelle. Le premier moteur de la motivation est hédoniste, il traduit avant tout la réponse à une insatisfaction.

---

1. Éthymologiquement le terme de motivation est issu du latin « movere » qui signifie mettre en mouvement.

Le terme de motivation s'est imposé au cours du XXᵉ siècle et le management de la motivation est devenu une activité prospère fondée sur l'audit, le conseil et la formation. Selon les disciplines, le concept de motivation a pris un sens différent.

- En économie, il représente l'ensemble des facteurs qui déterminent le comportement d'un agent économique.
- Dans le domaine de la consommation, il concerne les facteurs psychologiques qui expliquent l'achat d'un produit, sa prescription ou son rejet.
- En psychologie, la motivation correspond au processus physiologique et psychologique responsable du déclenchement, de la poursuite ou de la cessation d'un comportement.

Par ailleurs, il est intéressant d'observer qu'en anglais le terme de « motivation » et celui de « récompense » se traduisent de manière identique par le mot « *incentive* » et qu'en japonais, le terme « *doki* » signifie à la fois « motivation » et « palpitation ».

Pas de motivation sans mobile

La motivation résulte de motifs objectifs et de mobiles subjectifs. En effet, chacun agit et réagit en fonction de sa perception du monde qui l'entoure, en étant plus ou moins attiré par certains aspects qui lui paraissent essentiels.

La notion de « mobile » est liée au conditionnement intérieur de l'individu, à sa personnalité, à son éducation et à sa culture. Dès lors, chaque personne met en œuvre les moyens dont il dispose et les met au service des buts qu'il s'assigne. Il existe ainsi une « résonance » entre les buts extérieurs poursuivis et l'espace intérieur intime de la volonté et de la prise de décision. Le « comment » est au service du « pourquoi ».

Pour bien comprendre la notion de motivation, il faut la distinguer des notions voisines de mobilisation, d'implication et de stimulation.

Motivation et mobilisation

La confusion entre les termes de motivation et de mobilisation est fréquente. La motivation est un phénomène *interne et individuel*, alors que la mobilisation est un processus *externe et collectif*. C'est un processus de soutien de l'action qui permet de rassembler et de dynamiser les énergies. S'il est assez facile de mobiliser les individus, en revanche il est particulièrement difficile de les motiver.

Mobiliser signifie faire appel à l'action d'un individu ou d'un groupe, créer un intérêt suffisant pour faire agir.

Se mobiliser, c'est utiliser ses forces, les réunir en vue d'une action, rassembler toute son énergie pour l'accomplissement d'un objectif, être prêt à agir. Dans une acception militaire, « la mobilisation» consiste à mettre sur pied de guerre les forces d'un pays, par le rappel dans les armées de tous ceux qui sont désignés pour y servir en temps de paix.

> La motivation est un phénomène interne et individuel. Elle oriente les comportements vers un objectif déterminé.

Implication et stimulation

Les notions d'implication et de stimulation doivent également être distinguées. L'implication[1] se définit par rapport à l'accent mis sur les valeurs, en particulier l'attachement à la valeur travail, et l'identification à l'organisation. L'implication correspond à l'importance qu'un individu accorde à son activité professionnelle, son degré d'identification au travail par rapport à d'autres activités. Elle se traduit par la responsabilisation et la recherche d'objectifs de performance.

Le mode de fonctionnement de l'organisation peut cependant annuler les effets de l'implication, car celle-ci répond au besoin de valorisation de soi, d'accomplissement, d'investissement et de développement de ses capacités personnelles. L'implication constitue un facteur déterminant pour le bon fonctionnement d'une organisation, elle est une première étape sur le chemin de la motivation.

La stimulation[2] en revanche, est l'aiguillon qui pousse à agir de l'extérieur, le stimulus qui déclenche un comportement. Il peut s'agir par exemple, de la reconnaissance

---

1. Du latin « implicare » : engager, entraîner,
2. Du latin « stimulus » : aiguillon

sociale, d'un encouragement ou d'une récompense qui stimule l'action. Le stimulus est ce qui va augmenter l'activité d'un individu, l'inciter à agir, l'encourager, l'activer. Idéalement, le processus de stimulation d'une activité comporte en amont l'incitation à agir et en aval le soutien dans l'action.

Différencier la cause et le facteur de motivation

L'approche de la notion de motivation est souvent empirique et couvre à la fois la cause et le facteur de la motivation. Il faut toutefois bien distinguer ces deux notions.

- La cause de la motivation peut se définir comme la condition nécessaire et suffisante pour qu'une action soit engagée. C'est l'effet déclencheur à l'origine de l'acte produit.
- Le facteur de motivation est, quant à lui lié à l'état potentiel de l'individu ou de son environnement. Les facteurs de motivation plus ou moins prévisibles, présentent un caractère flou et aléatoire. Ils ne déclenchent pas l'acte mais contribuent à sa réalisation.

Motivation extrinsèque et motivation intrinsèque

Dans l'ombre du concept, deux types de motivation spécifique coexistent la motivation extrinsèque et la motivation intrinsèque[1]. La motivation extrinsèque est liée à un renforcement extérieur, c'est une activité non engagée pour

---

1. Voir la théorie de l'évaluation cognitive de DECI et RYAN page 64.

elle-même, mais pour en retirer un bénéfice ou éviter une sanction. Cette forme de motivation est qualifiée « d'extrinsèque », parce qu'elle résulte de promesses ou d'actions extérieures. Il peut s'agir par exemple, de la recherche de compensations financières ou de récompenses . Toutefois, quand l'activité est uniquement centrée sur des motivations extrinsèques le niveau de motivation reste faible. La motivation intrinsèque en revanche, est liée à une motivation personnelle générée par l'attrait de l'activité pour elle-même. Elle est appelée « intrinsèque » parce qu'elle provient de l'individu lui-même. Elle favorise une satisfaction des besoins fondamentaux de connaissance, de compétence, d'autodétermination et d'accomplissement personnel. Les motivations les plus puissantes sont intrinsèques, elles résultent par exemple de la liberté de créer ou d'entreprendre, de la possibilité d'apprendre ou de transférer un savoir-faire, de la satisfaction du travail accompli et de sa reconnaissance.

Dans la sphère de la motivation, les motivations les plus puissantes sont intrinsèques.

La sphère de la motivation

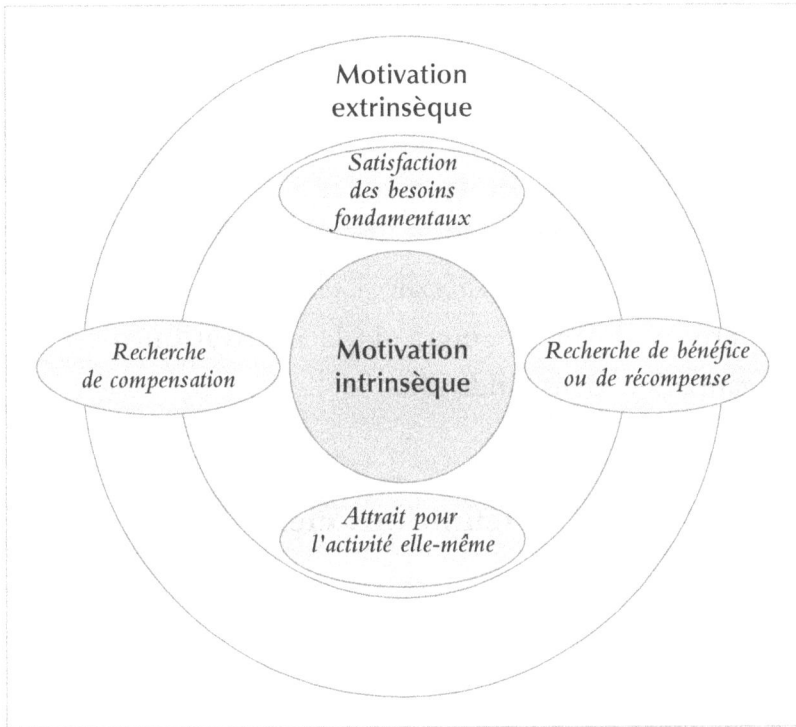

Motivation
extrinsèque

Satisfaction
des besoins
fondamentaux

Recherche
de compensation

Motivation
intrinsèque

Recherche de bénéfice
ou de récompense

Attrait pour
l'activité elle-même

Voir les définitions clés page suivante.

L'organisation source de démotivation

L'organisation, quel que soit son statut, peut se définir comme un ensemble finalisé caractérisé par une hiérarchie, l'existence de règles internes et une inscription dans la durée. Dans cet environnement, la logique institutionnelle génère fréquemment des glissements de finalité et une perte de sens. Les membres de l'organisation n'arrivent plus à percevoir la cohérence de leur action et se réfugient dans des stratégies de court terme sans lien avec les objectifs globaux de l'institution. Source de démotivation, les questions du sens de l'action et de l'adaptation des individus au changement se trouvent régulièrement posées. Or, la réponse à ces questions résulte davantage des valeurs de référence et de la cohérence de l'ensemble du système, que de l'affirmation d'objectifs d'efficacité ou de la pure rationalité managériale. L'élément fondamental en matière de développement de la motivation n'est pas l'organisation, mais l'individu.

Définitions clés

- **MOTIVATION** : *Ensemble des facteurs internes et individuels qui déterminent le comportement humain. Processus de mise en mouvement qui amène un individu à s'engager et à réaliser une action.*

- **IMPLICATION** : *Dynamique interne traduisant l'engagement au travail et l'attachement à une organisation.*

- **MOBILISATION** : *Processus externe et collectif, de soutien et de dynamisation de l'action. La mobilisation permet la canalisation de l'énergie, d'une personne ou d'un groupe, pour atteindre un objectif. C'est l'action de rassembler et de dynamiser les énergies, de rendre prêt à agir.*

- **STIMULATION** : *Incitation externe à agir, dynamique qui induit l'action de l'extérieur.*

> Il n'y a pas de changement organisationnel ou humain sans une réelle motivation des acteurs.

Un objectif concret et une valeur ajoutée

Après un recensement dans une *première partie* des principales théories de la motivation, seront explorées dans une *deuxième partie* les voies secrètes permettant le développement de la motivation des personnes. Quel que soit le type d'organisation, c'est toujours la capacité à motiver les individus qui conditionne la performance. Cette dimension qui constitue un enjeu majeur pour les organisations sera abordée dans une *troisième partie*.

Au-delà des nombreuses théories sur le sujet, l'objectif de cet ouvrage est de comprendre comment améliorer concrètement la motivation au sein des organisations et donner à chacun des raisons d'agir. Il n'y a pas de performance sans motivation durable des personnes qui y travaillent. Aussi, il convient de favoriser une prise de conscience et de renforcer le rôle des dirigeants en matière de développement humain. Le management de la motivation constitue une valeur ajoutée *à la fois* pour l'individu et l'organisation.

Partie 1

Les théories : où en sommes-nous ?

Les diverses théories de la motivation influencent directement la pratique des managers. Quand ils cherchent à motiver leurs équipes, ceux-ci s'appuient consciemment ou non sur les théories de la motivation. Ce sont en effet ces dernières qui ont façonnée l'idée que nous avons aujourd'hui de la manière de gérer et renforcer la motivation des personnes.

En faisant le point très synthétique de l'état de la réflexion sur le sujet, cette partie permet à la fois de se situer face aux différents courants et d'en retirer des idées applicables à sa propre pratique professionnelle.

La réflexion sur la motivation : un long cheminement

Depuis les philosophes grecs, on a assisté au développement progressif de la réflexion sur la motivation. Au temps de la Grèce antique, les philosophes avaient exploré deux approches principales, l'hédonisme et le rationalisme. Les hédonistes expliquent le comportement humain par la recherche du plaisir et l'évitement de la douleur. Ils semblent être les premiers a avoir analysé la dimension affective de la motivation. De leur point de vue, toute activité repose sur la poursuite du maximum de satisfaction, en fonction d'un minimum d'effort. Les philosophes rationalistes pour leur part considèrent que la raison est le déterminant premier du comportement humain et accordent une place importante à la dimension cognitive. Les grands prêtres de la philosophie grecque en particulier SOCRATE, PLATON et ARISTOTE s'interrogent sur la nature de la motivation humaine. Socrate estime que l'être humain est avant tout à la recherche de ce qu'il juge comme bon, PLATON de son côté considère que l'Homme est en quête permanente du bonheur et ARISTOTE pense que toute personne agit avant tout en fonction du but qu'il se donne lui-même.[1]

Au cours du Moyen Âge, l'obscurantisme a été peu propice à une réflexion sur la motivation. Au XVIIe siècle, René DESCARTES développe un point de vue mécaniste et une analyse causale du comportement humain. Le cartésianisme postule que tout comportement humain peut être expliqué.[2] Au XIXe et XXe siècle, l'École behaviouriste met l'accent sur l'étude des comportements pour permettre de comprendre et de prédire les actions humaines.[3] Ce courant considère que ce sont les stimuli externes qui déterminent les comportements. Les travaux de FREUD éclairent le rôle de l'inconscient dans la détermination des conduites humaines et dans la motivation des activités au quotidien. FREUD développe la notion de forces motiva-

---

1. SOCRATE : 470-399, av. J.-C., PLATON : 429-348 av. J.-C., ARISTOTE : 384-322 av. J.-C.
2. René DESCARTES (1506-1650) philosophe français : *Discours de la méthode*, 1637.
3. PAVLOV (1849-1936) : le réflexe conditionné, THORNDIKE (1874-1949) la « loi de l'effet » et SKINNER (1904-1990) : le « renforcement opérant ».

tionnelles inconscientes. Ces travaux seront poursuivis par ses disciples JUNG, ADLER et ERICKSON. En matière de psychologie sociale, les recherches menées par Gabriel TARDE[1] sur l'imitation ou par Gustave LEBON[2] sur la suggestion et les phénomènes de groupe montrent l'impact que le comportement d'autrui peut avoir sur la motivation humaine dans un contexte social.

La notion de motivation comme objet de recherche n'apparaît qu'au début du XXe siècle, avec les travaux des psychologues des organisations menés au moment du développement de l'organisation scientifique du travail.

Les théories de la motivation au travail

De nombreux chercheurs ont tenté de bâtir un modèle de référence dans le domaine de la motivation au travail. Dans le maquis des écoles de pensées, trois typologies de motivation ont émergé : « *les théories du contenu* » centrées sur les besoins, « *les théories du processus* » centrées sur les attentes et « *les théories interactionnistes* » intégrant la dimension environnementale. À l'origine de ces études, on trouve trois chercheurs ayant chacun développé une conception différente des besoins de l'homme au travail : Frederick TAYLOR, Elton MAYO et MAC GREGOR.

---

1. Gabriel TARDE (1843-1903) : sociologue français, principal représentant de la sociologie à tendance psychologique.
2. Gustave LEBON (1841-1931) : *La psychologie des foules.*

Frederick TAYLOR : le travail est un besoin économique

Au début du XXe siécle, la première approche fondée sur la motivation financière et la recherche du gain est celle de TAYLOR. En 1911, dans un ouvrage intitulé : « *La direction scientifique des entreprises* »[1] cet ingénieur de Pittsburgh décrit le travail avant tout comme un besoin économique. Il explique la motivation de l'Homme au travail par la volonté de maximiser le profit individuel. Cette conception économique de la motivation inspire les différents systèmes reposant sur l'intéressement et le bénéfice des primes au rendement. À partir d'une approche mécaniste qui vise à développer les gains de productivité, Frederick TAYLOR invente l'organisation scientifique du travail.

Elton MAYO : le travail répond à un besoin de relation humaine

Professeur de sociologie d'origine australienne, Elton MAYO adopte une position différente en expliquant que le travail correspond davantage à un besoin de relations humaines et résulte de l'appartenance à un groupe social et à une organisation. Il montre que l'argent n'est pas la seule motivation de l'Homme au travail et développe une approche sociale de la motivation. Elton MAYO réalise à partir de 1927 des expériences dans les ateliers Hawthorne à Chicago et démontre que le rendement de groupes témoins peut augmenter en lien avec la considération et la valorisation portée aux travailleurs.

---

1. Frederick Winslow TAYLOR (1856-1917) : *La direction scientifique des entreprises* ou *The principle of scientific management*, publié en 1911.

« L'effet Hawthorne »

L'impact de la reconnaissance sur la motivation individuelle

« L'effet Hawthorne » sera largement médiatisé. Cette première grande enquête dans le domaine de la recherche sur la motivation a été menée par des experts en productivité dans les ateliers de l'usine d'Hawthorne de la Western Electric Company à Chicago. En essayant de déterminer les conditions matérielles, les horaires et les méthodes permettant d'augmenter l'efficacité au travail, Elton MAYO découvre l'importance du sentiment de considération et de l'effet de reconnaissance sur la motivation individuelle. Cherchant à vérifier l'hypothèse qu'une augmentation de l'éclairage augmentait la productivité, il fait travailler parallèlement un groupe expérimental et un groupe témoin. En examinant les résultats, il a la surprise de constater que la productivité des deux groupes avait augmenté.

Le groupe témoin a ressenti l'expérience comme une reconnaissance et un intérêt pour son activité et avait augmenté sa motivation au travail, sans qu'aucun avantage matériel supplémentaire ne lui soit accordé. C'est ainsi que naît vers 1930, un peu par hasard, la première étude scientifique sur la motivation.

« L'effet Hawthorne » traduit l'importance du sentiment de considération et l'impact de la reconnaissance sur la motivation individuelle. Ce nouvel éclairage sur l'attitude de l'individu au travail donne naissance à l'École des relations humaines.

MAC GREGOR : le travail exprime un besoin de responsabilité

En 1960, MAC GREGOR professeur de management au célèbre Massachusetts Institute of Technology considère pour sa part, que le besoin de responsabilité et la réalisation de soi sont les principales motivation de l'être humain en situation professionnelle. Il est l'auteur de « *théorie X et théorie Y* » un ouvrage célèbre qui a beaucoup influencé les dirigeants des organisations. MAC GREGOR[1] oppose deux conceptions de l'Homme au travail, d'une part une vision autoritaire et hiérarchique, d'autre part une approche participative et responsabilisante. Dans la « théorie X » le style de direction est fondé sur la hiérarchie et le commandement. Le processus traditionnel centralisé est caractérisé par une pyramide hiérarchique, un encadrement et un contrôle du personnel. Cette conception de l'Homme au travail est fondée sur la recherche d'avantages financiers, la peur de la sanction et l'aspiration à la sécurité. La « théorie Y » postule que les individus peuvent être responsabilisés et se diriger eux-mêmes. Ils sont motivables pour atteindre à la fois les objectifs de

---

1. Douglas MAC GREGOR (1906-1964) : *La dimension humaine de l'entreprise*, 1960.

l'organisation et des objectifs personnels. Il s'agit d'un mode de management fondé sur l'autonomie et la prise d'initiatives individuelles. Les réflexions de MAC GREGOR influenceront de façon déterminante les travaux d'Abraham MASLOW, puis de Frederick HERZBERG.

Les « pères fondateurs » des théories sur la motivation au travail

- **Frederick TAYLOR** : *Appât du gain et maximisation du profit individuel (1911)*

- **Elton MAYO** : *Approche sociale et besoin de relations humaines (1927)*

- **Abraham MASLOW** : *Théorie de la hiérarchie des besoins (1954)*

- **Frederick HERZBERG** : *Théorie des « deux facteurs » et concept d'enrichissement des tâches (1959)*

- **Douglas MAC GREGOR** : *Besoin de responsabilité dans un contexte participatif (1960)*

Aperçu des principales théories de la motivation

Typologies	Théories
Théories du contenu centrée sur les besoins	1 - Théorie de la hiérarchie des besoins de MASLOW (1954)
	2 - Modèle bi-factoriel d'HERZBERG (1966)
	3 - Théorie des besoins d'ALDERFER
	4 - Théories du besoin d'accomplissement de MURRAY (1938) et MAC CLELLAND (1953)
	5 - Modèle de MINER et Modèle de RONEN
Théories du processus centrées sur les attentes	6 - Théorie du conditionnement opérant de SKINNER (1953)
	7 - Théorie de l'expectation-valence de VROOM (1964) Théorie de CAMPBELL et PRITCHARD (1976)
	8 - Théorie performance et motivation de PORTER ET LAWLER (1968)
	9 - Théorie de l'effet de tache et de l'effet de temps de RAYNOR
	10 - Théorie de l'attribution de WIENER
	11 - Théorie de la fixation des buts de LOCKE (1968)
Théories interactionnistes intégrant l'environnement externe	12 - Théorie des champs de vie de LEWIN (1938)
	13 - Théorie Individu-Environnement de NUTTIN (1980) Le modèle relationnel de la motivation
	14 - Théorie de l'évaluation cognitive de DECI et RYAN (1985)
	15 - Théorie de l'apprentissage social de BANDURA

Chapitre 1

Les théories du contenu centrées sur les besoins

À l'origine du courant de pensée centré sur les besoins, le nom d'Abraham MASLOW est indissociable des théories de la motivation. Pour ce chercheur, la motivation résulte avant tout de la nécessité de répondre à un besoin non satisfait.

La pyramide des besoins d'Abraham MASLOW

Abraham MASLOW est le nom le plus fréquemment cité parmi les nombreux théoriciens de la motivation. Il est le premier en 1954, à avoir tenté de formuler une théorie générale de la motivation.[1] Après avoir constaté que la non satisfaction d'un besoin est un facteur déterminant de la motivation, il propose une conception systématique et hiérarchisée, des besoins de l'homme au travail. À ses yeux

---

1. Abraham H. MASLOW : *Motivation and personnality*, New York, Harper & Row, 1954.

tout comportement résulte de la volonté d'assouvir un besoin. Tant que celui-ci n'est pas satisfait, il est une source de motivation. Alors que HERZBERG étudie principalement l'influence des facteurs externes sur le niveau de satisfaction au travail, ABRAHAM MASLOW s'intéresse aux besoins internes. Il développe une conception philosophique et universelle de la nature humaine autour de trois idées essentielles : la motivation est fondée sur les besoins, les besoins sont hiérarchisables et la satisfaction des besoins génère un « effet cliquet ».

La motivation est d'abord fondée sur *la notion de besoin,* tout comportement humain est déterminé par la recherche de satisfaction concernant les besoins fondamentaux. Tant qu'un besoin n'est pas satisfait, il constitue une source de motivation. Si les motivations sont différentes selon les individus, les besoins sont universels et identiques pour tous. La non satisfaction d'un besoin serait donc le véritable moteur de la motivation.

D'autre part, pour ABRAHAM MASLOW *les besoins peuvent être hiérarchisés en cinq niveaux* selon le principe de la « théorie de la pyramide ». Cette théorie présentée comme universelle tend à considérer que tous les individus hiérarchisent leurs besoins de la même manière. Or, la notion même de hiérarchie pose question, car il faut admettre qu'il n'existe pas de modèle hiérarchique de la motivation généralisable.

Enfin, *la satisfaction des besoins génère un « effet cliquet »*. Selon MASLOW, il faut que les besoins d'un niveau inférieur soient satisfaits, pour qu'un individu puisse être motivé par les besoins d'un niveau supérieur. Les besoins fondamentaux étant prioritaires, les besoins d'ordre supérieur ne peuvent se manifester que lorsque les besoins d'ordre inférieur sont globalement satisfaits. La théorie du comportement humain montre que dés que des besoins sont satisfaits, d'autres naissent. Pour MASLOW, l'individu est en permanence motivé par un nouveau besoin. Quand le besoin propre à un niveau est satisfait, il fait appel à un besoin de niveau supérieur. Or, il faut reconnaître que la satisfaction d'un besoin d'un certain niveau ne suffit pas toujours à supprimer celui-ci au profit d'un besoin de niveau supérieur. Cette théorie reste une équation illusoire et ne permet pas d'expliquer par exemple les attitudes de démotivation.

La pyramide des besoins d'Abraham Maslow

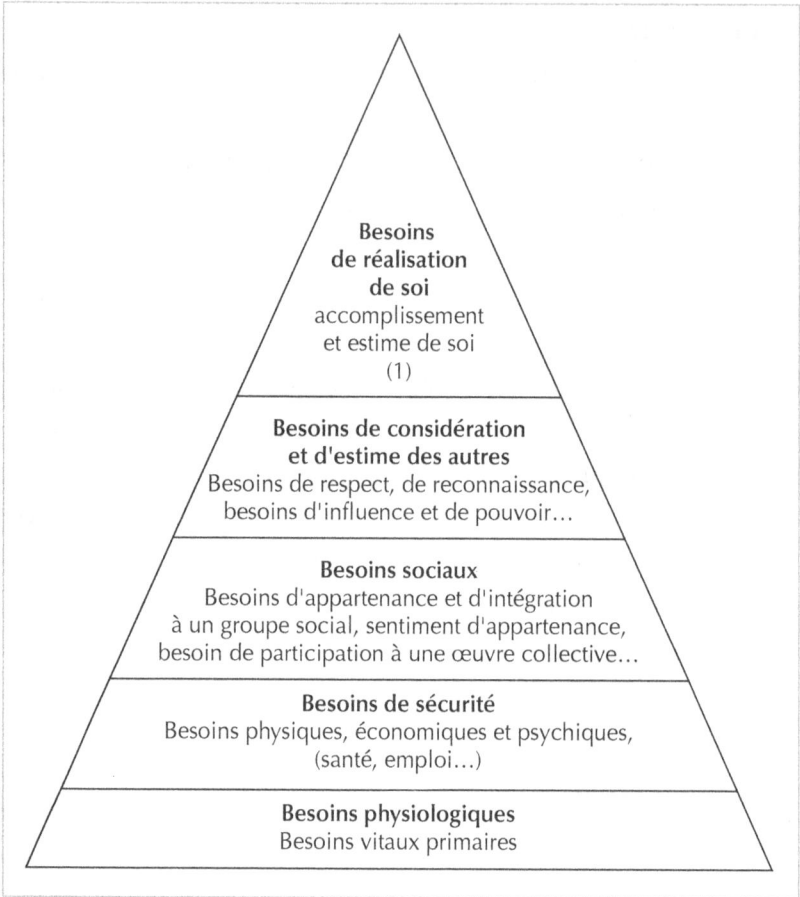

Besoins
de réalisation
de soi
accomplissement
et estime de soi
(1)

Besoins de considération
et d'estime des autres
Besoins de respect, de reconnaissance,
besoins d'influence et de pouvoir...

Besoins sociaux
Besoins d'appartenance et d'intégration
à un groupe social, sentiment d'appartenance,
besoin de participation à une œuvre collective...

Besoins de sécurité
Besoins physiques, économiques et psychiques,
(santé, emploi...)

Besoins physiologiques
Besoins vitaux primaires

(1) Sens de l'action, désir de comprendre et d'organiser, de construire un système de valeur, dépassement de soi, développement de la personnalité, acquisition de nouvelles compétences.

La théorie des deux facteurs de Frederick HERZBERG

Autre théoricien de la motivation, Frederick HERZBERG[1] complète l'approche d'Abraham MASLOW en élaborant la théorie des « deux facteurs ». Il est un des premiers à avoir analysé la motivation dans les situations de travail, en cherchant à distinguer les facteurs de satisfaction et d'insatisfaction. Il s'appuie sur la théorie des « incidents critiques » qui vise à identifier les événements professionnels source de satisfaction ou d'insatisfaction et à en mesurer l'impact sur le travail. Frederick HERZBERG identifie deux catégories de facteurs principaux susceptibles de déclencher la motivation : les « *facteurs moteurs* » qui se rattachent au contenu du travail et les « *facteurs d'hygiène* » ou d'ambiance qui se rapportent au contexte de travail.

Les « facteurs moteurs » créent la motivation, mais leur absence n'induit pas forcément un niveau élevé d'insatisfaction. Ils sont liés au contenu des tâches, à l'autonomie accordée, à la reconnaissance et à l'évaluation des performances, au niveau de responsabilité, à la possibilité de carrière ou de promotion personnelle. HERZBERG considère que seuls ces facteurs ont un impact véritable sur la motivation des personnes. En revanche, l'absence des « facteurs d'hygiène » ou d'ambiance produit de l'insatisfaction, mais leur présence ne crée pas nécessairement une forte motivation. Ces facteurs concernent essentiellement les

---

1. Frederick HERZBERG, : *The motivation to work*, 1959.

relations de travail, les conditions matérielles, la rémunération et la politique générale de gestion des ressources humaines.

Présentation du modèle bi-factoriel de Herzberg

	Facteurs moteurs	Facteurs d'hygiène ou d'ambiance
Origine	Liés au contenu du travail	Liés au contexte et à l'environnement du travail
Nature des facteurs	Reconnaissance (salaire lié à la qualité des performances) Niveau de responsabilité, contenu des tâches (enrichissement) Autonomie accordée Résultats du travail Promotion, reconnaissance, statut (besoin d'estime, de réalisation de soi et d'accomplissement)	Revenu du travail (pouvoir d'achat), sécurité Relations de travail avec les autres conditions matérielles de travail Politique organisationnelle et supervision technique Politique de GRH (besoins physiologiques, sécurité et besoin social)
Impacts	La présence de facteurs moteurs crée la satisfaction, mais leur absence n'induit pas un niveau élevé d'insatisfaction	L'absence de facteurs d'hygiène génère de l'insatisfaction, mais leur présence ne crée pas une forte satisfaction

Pour Herzberg le véritable ressort de la motivation concerne la nature du travail et non sa rétribution qui réduit l'insatisfaction sans exercer une fonction motivante.

Les préconisations d'HERZBERG
pour renforcer la motivation au travail

— *Augmenter la part d'initiative individuelle dans le travail,*

— *Donner une activité complète et cohérente,*

— *Accroître la liberté dans la réalisation du travail,*

— *Informer régulièrement sur l'activité globale de l'organisation,*

— *Permettre un contrôle intégré par le travailleur et des retours d'information par les utilisateurs,*

— *Introduire des tâches nouvelles et plus difficiles,*

— *Développer le niveau de responsabilité et le sentiment de compétence.*

Il serait ainsi possible d'améliorer la motivation au travail en responsabilisant davantage, en favorisant l'autonomie et l'intérêt des activités, plutôt qu'en augmentant le niveau de rémunération. Les paramètres utilisés habituellement pour développer la motivation en augmentant la satisfaction ne sont généralement pas les plus appropriés. En considérant que le contenu de la tâche est un facteur puissant de motivation, Herzberg invente le concept « d'enrichissement des tâches » qui conduit à donner aux travailleurs plus de responsabilités et d'autonomie. Cette théorie de la motivation a permis de démontrer que les stimulants financiers ne sont pas les seules sources de motivation. Ce modèle, aujourd'hui controversé, a eu un succès important et a marqué le monde du travail.

Le modèle Existence, relation, développement[1] des besoins selon ALDERFER

Le modèle « Existence, Relation, Développement » d'ALDERFER diffère de la théorie de MASLOW. Il limite à trois catégories le nombre de besoins : les besoins matériels concernant l'existence, les besoins sociaux concernant les relations, les besoins de développement personnel et de croissance visant à utiliser les compétences individuelles.

Ensemble des besoins hiérarchiques ou simultanés d'ALDERFER

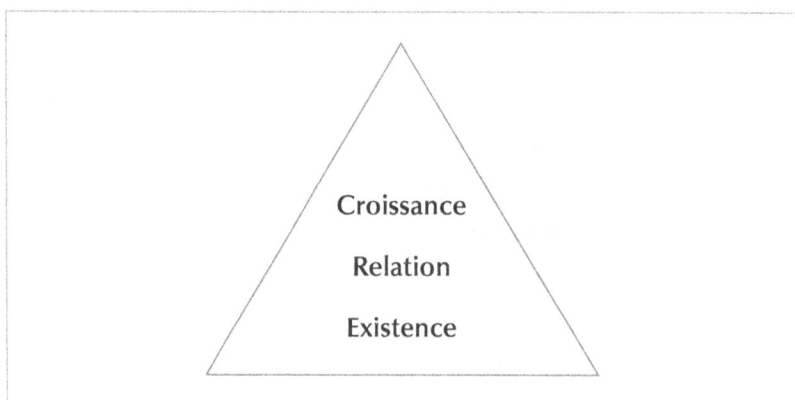

1. En version originale modèle « *ERG* » : *Existence, Relatedness & Growth.*

Pour ALDERFER ces besoins ne sont pas organisés de façon hiérarchique et il n'est pas nécessaire qu'un besoin concret soit satisfait avant un besoin abstrait. Par ailleurs, tout individu cherche à évoluer en cherchant à satisfaire ses besoins matériels et ses besoins de développement personnel, l'un pouvant compenser l'autre. ALDERFER considère que ces besoins existent chez tous les individus, mais avec des intensités différentes. Ils constituent des facteurs essentiels de motivation. Toutefois, contrairement aux besoins matériels, la satisfaction du besoin de réalisation de soi et de développement personnel, ne réduit pas son importance mais l'augmente.

Le besoin d'accomplissement de MURRAY et MAC CLELLAND

Ces théories remontent aux travaux menés par Murray en 1938, qui élabore la théorie des besoins manifestes. Murray considère que le besoin est défini par rapport à un but et que chaque besoin comprend une composante qualitative directionnelle et une composante quantitative relative à l'intensité du besoin. Il distingue les besoins manifestes et les besoins latents. Chaque individu est caractérisé par un profil spécifique de besoins susceptibles d'évoluer dans le temps. Ce profil spécifique détermine la nature de ses comportements. Dans ce modèle quatre besoins sont considérés comme déterminants : le besoin de réussir, le besoin d'affiliation à une organisation, le besoin d'autonomie et le besoin de pouvoir.

Le besoin de réussir, c'est le besoin d'assumer des responsabilités et de prendre des risques. Le corollaire étant l'évaluation des résultats et l'échec possible.

Le besoin d'affiliation répond au désir d'être accepté par une organisation ou un groupe. Le besoin d'affiliation se caractérise par un désir important d'approbation de la part des autres. Tout environnement organisationnel bien structuré génère un soutien social répondant à ce besoin. Toutefois, la pression du groupe favorise le conformisme aux normes de l'organisation.

Le besoin d'autonomie fonde le souhait de travailler seul, à son rythme et sans subir les règles contraignantes d'une organisation. L'individu cherche à contrôler sa propre activité et à fuir les procédures trop rigides réglementant sa conduite. Le besoin d'autonomie constitue un élément important de motivation favorisant la prise d'initiatives individuelles.

Le besoin de pouvoir est lié au désir d'influencer ou de dominer les autres, d'exercer un rôle de leader sur le groupe et de maîtriser son propre environnement. Deux aspects du pouvoir sont distingués, le pouvoir personnel et le pouvoir institutionnel. Le pouvoir personnel a tendance à conduire vers l'autoritarisme et la domination, le pouvoir institutionnel vers une implication et une responsabilité dans la réalisation des objectifs de l'organisation.

MAC CLELLAND définit le besoin d'accomplissement, comme une tendance à se stimuler en se fixant des objectifs difficiles, à prendre des risques et à affirmer son aptitude à réussir. Le besoin d'accomplissement est un facteur de motivation important au sein des organisations. Il présente différents aspects, la motivation à entreprendre des activités nouvelles, la motivation à excéder la performance des autres, la volonté de rechercher l'efficacité.

La pyramide des besoins de MAC CLELLAND

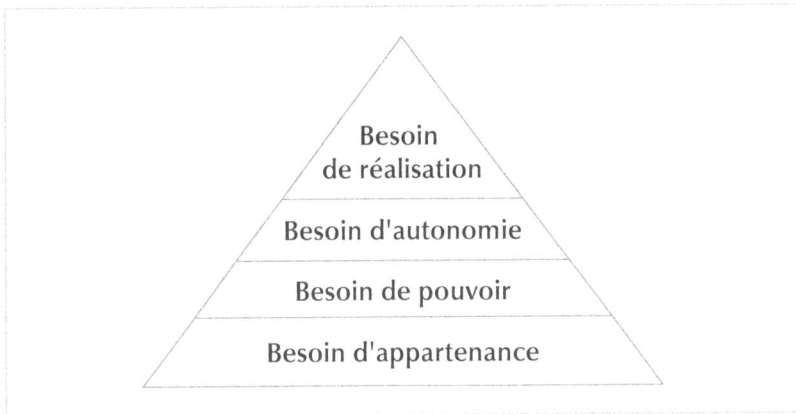

Besoin
de réalisation

Besoin d'autonomie

Besoin de pouvoir

Besoin d'appartenance

Le modèle de MINER et le modèle de RONEN

J.B. MINER[1] a développé une théorie de la motivation des cadres visant à démontrer que l'activité professionnelle permet de satisfaire des besoins de nature différente. Le travail est une activité qui implique un rôle social et permet de répondre à des besoins psychologiques fondamentaux. MINER distingue quatre types d'organisation générant chacune des motivations différentes : *les organisations hiérarchiques*, au sein desquelles la motivation est

---

1. J.B. MINER : *Role motivation theories*, Londres, Routledge, 1993.

fondée sur le désir de s'affirmer, de se singulariser, d'exercer une autorité, d'être en compétition. *Les organisations professionnelles*, où la hiérarchie est moins forte, la motivation est liée à l'exercice même de la profession et à l'intérêt porté à son travail. Il identifie plus particulièrement le désir d'autonomie, le désir d'atteindre un statut élevé, le désir de se rendre utile et le désir de développer ses connaissances. *Les organisations entrepreneuriales*, sont fondées sur la recherche de la performance. La motivation trouve son origine dans le désir de réussir, d'innover, d'anticiper et d'éviter les échecs. *Les organisations de groupe* et de consensus fondent la motivation sur le désir d'appartenir à un groupe, d'y être affilié, le désir de participer à la gestion collective du groupe et d'avoir des relations efficaces avec les autres membres du groupe.

S. RONEN[1] s'intéresse davantage à la valeur travail qu'aux besoins. Il considère que le contexte du travail, la culture de l'organisation et la politique de gestion des ressources humaines jouent un rôle déterminant. En cherchant à établir une analyse exhaustive des besoins que le travail permet de satisfaire, il s'efforce d'établir une cartographie des motivations. En essayant d'établir des outils d'enquête sur les valeurs du travail, il distingue les valeurs de travail à orientations individuelles ou collectives et les valeurs à orientations matérielles ou non matérielles.

---

1. S. RONEN, Motivational need taxonomies, in Dunette & Hough, *Handbook of industrial and organizational psychology*, Palo Alto Consulting Psychologists Press.

Une politique de motivation efficace impose de connaître les valeurs qui caractérisent les différents groupes de l'organisation et d'analyser les priorités individuelles.

Le modèle de RONEN

Les axes de valorisation de l'environnement du travail sont analysés au travers de 14 critères :

Orientations individuelles matérielles

- *Conditions physiques du travail*
- *Environnement résidentiel*
- *Horaires adaptés*
- *Sécurité et conditions de l'emploi*
- *Bonus et primes*
- *Niveau de salaire*

Orientations collectives matérielles

- *Relation avec les collègues*
- *Relations avec les cadres*

Orientations individuelles non matérielles

- *Appréciation des résultats de son travail*
- *Perspectives de promotion*
- *Possibilités de formation*

Orientations collectives non matérielles

- *Autonomie dans le travail*
- *Valorisation des compétences*
- *Défis professionnels, permettant de reconnaître la réussite*

Chapitre 2

Les théories du processus centrées sur les attentes

Certains théoriciens se sont interrogés davantage sur le processus de la motivation que sur le contenu. Les théories centrées sur les attentes cherchent davantage à analyser les stimuli qui incitent un individu à renforcer son action, qu'à comprendre le contenu et les causes de la motivation.

Le conditionnement opérant de SKINNER

SKINNER considère que la motivation résulte davantage des sollicitations externes que de la recherche de la satisfaction de besoins propres à chaque individu. Il estime que le comportement individuel résulte directement de l'environnement créé par l'organisation. Le caractère motivant de l'environnement de travail est déterminant. Les incitations positives, matérielles ou immatérielles, déclenchent les comportements attendus par l'organisation. SKINNER distingue le conditionnement classique, quand les événements sont indépendants du comportement et le conditionnement opérant, lorsque les conséquences résultent directement du comportement de l'individu.

Pour SKINNER, les stimuli externes constituent des facteurs de renforcement positif. Un programme de renforcement positif met davantage l'accent sur l'utilisation maximale de la récompense et minimale de la sanction. L'utilisation de plusieurs types de renforcement positif permet de diminuer la monotonie des tâches et d'augmenter la satisfaction au travail. Le programme de renforcement positif doit commencer par la définition des aspects comportementaux de la performance. L'idéal est de fixer les objectifs dans le cadre d'une démarche participative et d'informer régulièrement chaque individu de son activité. Une logique d'évaluation de la performance et de feedback doit ensuite être organisée. Elle constitue un facteur de renforcement. Les récompenses liées à une performance doivent être proportionnelles aux efforts réalisés et largement communiquées. Dans cette logique, c'est l'environnement de travail qui doit être restructuré pour comporter des facteurs de motivation et non les attitudes individuelles.

L'expectation-valence de VROOM

Victor H. VROOM est un des premiers chercheurs a avoir posé les bases d'un modèle cognitif de la motivation.[1] Il considère que chaque travailleur se comporte de manière

---

1. Victor VROOM : *Work and motivation*, John Wiley & Sons, 1964.

rationnelle en fonction de sa perception de l'environnement professionnel et décide consciemment de s'investir en fonction des résultats attendus en retour par son travail. La motivation est toujours la résultante d'un ensemble d'attentes.

Victor H. VROOM définit le processus de motivation à partir du modèle «V.I.E. », considérant que la motivation est la résultante d'une série d'attente déterminée par « la valence », « l'instrumentalité » et « le niveau d'expectation ». *« La valence »* représente la valeur accordée par l'individu au résultat du travail, à la récompense. Celle-ci varie selon les individus et le contexte professionnel. La valence peut-être positive ou négative, le même résultat pouvant induire une perception très différente. La valence est une notion fondamentalement subjective, issue de la hiérarchie des valeurs et des expériences propres à chaque individu.

« L'instrumentalité » est la probabilité qu'un comportement donné permette bien d'obtenir le résultat recherché. C'est la perception des retombées de l'effort fourni, au-delà de la performance en elle-même. Par exemple, le sentiment d'utilité ressenti, le retour d'appréciations positives, la perspective de promotion, des bénéfices financiers... Il s'agit du lien entre la performance accomplie et les retombées de cette performance. V.H VROOM a construit un indice de probabilité, selon le niveau de relation entre la performance accomplie et l'impact du résultat attendu. *« Le niveau d'expectation »* concerne les attentes du travailleur par rapport à ses propres efforts. Il recouvre la

représentation des capacités, des compétences et des efforts nécessaires pour mener à bien une mission. La motivation dépend du sentiment de posséder à minima le potentiel et les qualités nécessaires. Vroom propose un indice d'expectation permettant d'évaluer l'image de soi.

Performance et motivation par Porter et Lawler

Poursuivant la réflexion engagée par Vroom, Porter et Lawler[1] ont montré que la satisfaction des salariés est liée à la comparaison qu'ils font entre d'une part ce qu'ils estiment apporter à l'organisation et ce qu'ils en retirent, d'autre part entre ce qu'ils reçoivent et ce que les autres membres de l'organisation reçoivent. Porter et Lawler ont également cherché à analyser les liens entre performance et motivation. Ils estiment que la satisfaction n'est pas le résultat direct de la motivation. Celle-ci résulte de l'évaluation du travail réalisé et de la récompense attribuée. La motivation est un processus évolutif, qui peut se renforcer au fur et à mesure des performances réalisées.

Intégrer le contexte organisationnel et le climat de travail dans le processus motivationnel ne suffit pas. La motivation ne résulte pas directement d'un environnement professionnel et de conditions de travail favorables, mais d'une reconnaissance et d'une valorisation équitable de la performance accomplie.

---

1. L.W. Porter & E.E. Lawler : *Managerial attitudes and performance*, Harvard University, Boston, 1968.

La pyramide des besoins de PORTER

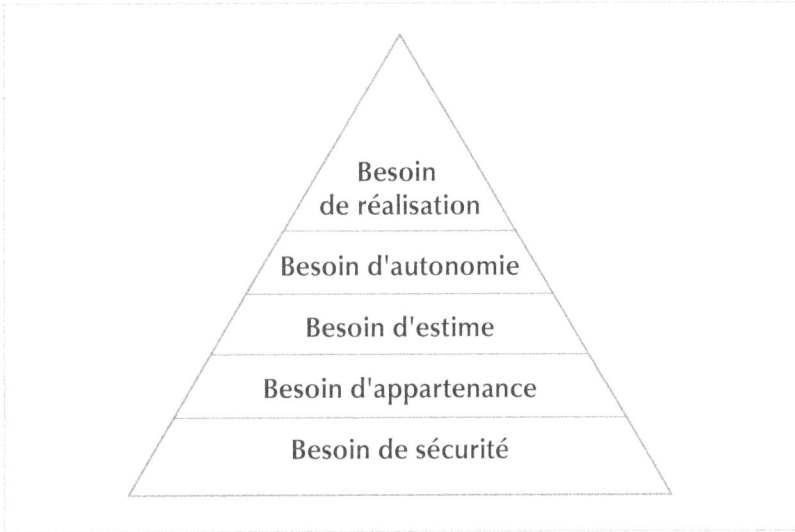

```
                    Besoin
                 de réalisation
              Besoin d'autonomie
            Besoin d'estime
         Besoin d'appartenance
      Besoin de sécurité
```

Les besoins selon LAWLER

Compétence Autonomie et liberté Estime et réputation
Sécurité Existence

L'effet de tâche et l'effet de temps de RAYNOR

RAYNOR cherche à analyser la motivation comme un phénomène inscrit dans la durée. RAYNOR qualifie « d'effet de tâche » le lien entre la motivation pour une mission déterminée et l'objectif personnel de réussite professionnelle. Il différencie « l'effet de tâche » de « l'effet de temps ». Si la mission impose une durée trop longue par rapport aux objectifs personnels, « l'effet de temps » affecte le niveau de motivation. La motivation pour une mission spécifique résulte du contexte de cette tâche, par rapport à une motivation de réussite professionnelle et aux aspirations générales de l'individu.

L'attribution de WEINER

L'apport de WEINER au modèle cognitif, concerne l'analyse rétrospective des comportements. WEINER a analysé les attributions relatives au comportement de travail au sein des organisations. Trois approches déterminent cette analyse : le « lieu de causalité », « la stabilité des résultats » et « la contrôlabilité ». « *Le lieu de causalité* » concerne la manière dont les résultats obtenus sont attribués, soit à des qualités propres à l'individu soit au contraire à l'environnement extérieur. « *La stabilité des résultats* » caractérise la manière dont ces résultats sont perçus comme susceptibles de se reproduire ou non dans le temps. « *La contrôlabilité* » précise le degré selon lequel les résultats sont perçus comme étant soumis à un contrôle volontaire.

Pour WEINER, l'individu a tendance à chercher en permanence la cause des événements. L'analyse du « lieu de causalité » sert de motivateur au comportement de l'individu. Lorsque la cause d'un événement est considérée comme contrôlable, le comportement de l'individu sera différent, dans la mesure où il pourra influer dessus. Toutefois, chacun a tendance à s'attribuer à titre personnel les succès et à trouver des causes externes aux échecs.

La théorie de l'attribution apporte un éclairage complémentaire à l'étude des comportements au sein des organisations.

La fixation des buts de LOCKE

Pour LOCKE, la fixation des buts constitue un des déterminants importants du comportement. Toute conduite humaine étant finalisée, toute action conduit logiquement à un but. LOCKE considère que le comportement d'une personne peut être modifié si l'on agit sur les buts. Il établit par ailleurs une relation entre la difficulté du but et la performance. Le but dirige l'action, entraîne la persistance de l'effort et motive l'individu à développer des stratégies pour la réalisation de l'objectif. LOCKE observe qu'au sein de l'organisation, l'information joue un rôle prépondérant dans l'acceptation et la fixation des buts. Par ailleurs, la performance est meilleure quand le but est plus difficile et spécifique.

LOCKE insiste sur le rôle déterminant du *feed-back* dans la motivation au travail. Il permet une correction des erreurs et une amélioration des performances. Toutefois pour être efficace, il doit être comparé à une norme ou un objectif. Les personnes recherchent généralement le *feed-back*, en particulier de la part de leur supérieur. Le *feed-back* est vécu comme la manifestation de la considération du supérieur hiérarchique. Moins la distance psychologique est importante, plus la réceptivité du *feed-back* est élevée. Si la distance psychologique influence la réceptivité du *feed-back*, la participation à l'élaboration du but influence son acceptation et améliore la performance.

Les personnes dont le besoin d'accomplissement est élevé se fixent des buts plus difficiles et obtiennent des compétences plus élevées. Toutefois, la théorie des attentes trouve ses limites dans une approche individualiste et une vision trop rationaliste de l'individu. Pour LOCKE, le rendement et le comportement de chacun sont influencés par le niveau d'objectifs que l'on se donne. Plus l'individu se fixe des objectifs difficiles à atteindre, plus le rendement est élevé.

> Participer à la fixation d'un but spécifique et difficile à atteindre, renforce la motivation et développe la performance.

Chapitre 3

Les théories interactionnistes

« Les théories du contenu » centrées sur les besoins et « les théories du processus » centrées sur les attentes développent une approche individualiste de la motivation, « les théories interactionnistes » cherchent davantage à intégrer l'environnement. Ces théories défendent l'idée que la motivation résulte de la dynamique de projet créée par la rencontre entre l'individu et son environnement.

La théorie des « champs de vie » de Kurt LEWIN

Kurt LEWIN[1] professeur de psychologie à l'Université de Berlin, analyse la motivation comme une interaction de l'individu avec son milieu. Il développe le concept de psychologie écologique. Cette rencontre détermine un espace ou un « champ de vie », qui génère des attractions et des répulsions qui affectent le comportement individuel. Kurt LEWIN appelle psychologie écologique, l'étude des relations entre un individu avec son environne-

---

1.   Kurt LEWIN, *Psychologie dynamique, les relations humaines, PUF, 1959.*

ment. La motivation résulte des forces en présence dans le champ de vie. LEWIN souligne le rôle du succès et son incidence sur le comportement des membres d'une organisation. Il analyse l'impact « des comportements chevauchants » résultant de l'accomplissement simultané de deux ou plusieurs activités sans rapport véritable.

Kurt LEWIN propose le concept de « niveau d'aspiration » pour définir les manifestations de tension vers un but. C'est le niveau qu'un individu désire explicitement atteindre lorsqu'on le place devant une tâche qu'il a déjà effectuée et qui est susceptible d'apprentissage. Il analyse l'importance des buts sur le comportement et étudie ce qui détermine le niveau d'aspiration et les réactions à la réalisation ou non du niveau d'aspiration. Il distingue le *but idéal* et le *but d'action*. La motivation résulte de la performance antérieure, du niveau d'aspiration, de l'exécution de l'action nouvelle et de la réaction au niveau de la réalisation : spirale de succès ou spirale d'échec. Le « niveau d'aspiration » résulte de trois forces : la recherche du succès, la tendance à éviter l'échec et l'influence de références culturelles et personnelles. Il met en lumière l'effet des pressions culturelles pour une amélioration de la performance et l'importance des différences positives par la stimulation à un plus grand effort. L'élévation du « niveau d'aspiration » influence le niveau de motivation dans le travail.

LEWIN démontre par ailleurs l'influence de la participation au processus de décision sur l'acceptation d'une décision. Il constate que les membres d'une organisation sont davantage motivés dans une logique de management participatif, lorsqu'ils sont associés aux décisions qui les concernent.

Le modèle relationnel de la motivation de Joseph NUTTIN

Joseph NUTTIN, directeur du Centre de recherche sur la motivation de l'Université de Louvain, propose une théorie comportementale de la motivation, fondée sur le « système Individu-Environnement ».[1] Pour Joseph NUTTIN le comportement de chaque individu résulte d'une relation particulière avec son environnement. L'être humain éprouve le besoin d'entrer en relation avec son milieu, de l'explorer et de produire un changement efficace sur l'environnement ou sur le cours des événements. Se faisant, il cherche à s'affirmer, se changer et agir sur le monde en canalisant son besoin de développement personnel. La motivation est l'aspect dynamique de la relation comportementale.

---

1. Joseph NUTTIN : *Théorie de la motivation humaine : du besoin au projet d'action*, PUF, 1980.

Les principales tendances comportementales

Autodéfense et instinct de conservation	Auto-développement et affirmation de soi
Besoin de sécurité et de protection physique	Recherche du fonctionnement optimal et de la performance : • Tendance à aller de l'avant, à l'auto-expansion, • Efforts pour acquérir des compétences et un comportement efficace
Besoin d'action sur le milieu : Une faible liberté d'action et de décision entraîne un état motivationnel de « rétractance »	Désir d'autonomie et de responsabilité : Une autonomie favorisant l'engagement et le rendement entraîne un état motivationnel de « renforcement »
Formation de buts et de projets Recherche d'un chemin comportemental	Besoin de progression

Auto-développement et affirmation de soi

Joseph NUTTIN considère la motivation comme un processus qui transforme les besoins en buts. L'aptitude d'un individu à transformer ses besoins en buts est décisive pour le bon fonctionnement de l'équilibre individuel et permet de répondre au besoin d'auto-développement. Le processus de formation de buts et de projets constitue une ligne ascendante du développement. Il est essentiel de tenir compte du dynamisme motivationnel de l'être humain pour comprendre ses actions. La construction de buts et de projets est le résultat d'une interaction entre processus cognitifs et motivationnels. La hiérarchie des buts et des projets est la concrétisation cognitive des besoins.

Le processus d'auto-développement conduit chacun à chercher continuellement à aller au-delà du stade atteint antérieurement. Plus l'auto-développement et l'affirmation de soi sont importants, moins l'autodéfense et l'instinct de conservation se manifestent et réciproquement.

Le développement personnel s'effectue d'abord par imitation d'un modèle, puis par l'autonomisation du sujet par rapport à ce modèle. Joseph NUTTIN souligne que la tension est permanente entre la tendance à l'identification, l'imitation et la dépendance d'une part et l'autonomie d'autre part. Il distingue deux types de processus de comparaison sociale, le processus rivalisant et le processus affiliatif. La dynamique relationnelle est qualitativement différente, de la tendance à la dominance, à la tendance à la coopération et à l'altruisme. Dans tous les cas il s'agit d'une recherche d'épanouissement et d'affirmation de soi.

L'être humain se développe « par » et « dans » ce qu'il fait, il cherche à se conduire à partir d'un modèle de référence. L'Homme est à la fois « le marbre et le sculpteur » et ne peut échapper à une dynamique du « faire et en faisant se faire ».[1]

---

1. Jules LEQUIER (1814-1862) : philosophe né à Quintin (Côte d'Armor).

« L'homme travaille en quelque sorte à lui-même, il se développe par et dans ce qu'il fait. Contrairement à l'animal, l'homme ne peut laisser les choses en l'état où il les trouve. Il est tenté d'intervenir, de changer, de restructurer, d'améliorer à son avis, à moins qu'il ne se mette à détruire ce qui le dérange… » Joseph NUTTIN

Motivation individuelle et entreprise collective

La difficulté apparaît quand le travail consiste à collaborer à la réalisation des projets des autres. Un contexte de motivation extrinsèque génère fréquemment un conflit motivationnel, lié au décalage entre le travail à exécuter et le projet personnel. L'être humain est motivé par une multitude d'objets, son comportement résulte d'un choix qui varie d'un individu à l'autre.

L'individu au travail tend à s'approprier le produit de son activité. Il s'identifie à l'objet produit, qui devient un prolongement de lui-même, son œuvre personnelle. L'individu préfère exécuter ses propres projets et trouver lui-même les moyens de les réaliser. Il est généralement motivé pour réaliser quelque chose qui sans son action ne se produirait pas. On note l'appropriation, l'identification, de l'individu avec son activité, il se prolonge lui-même dans l'objet et tend à se l'approprier. Toutefois, beaucoup de personnes ne sont pas motivés par le travail qu'ils font, ils travaillent pour des motifs extrinsèques.

> « La motivation est une question de relation entre un sujet qui désire et un objet qui attire ou éveille l'intérêt. C'est la motivation du sujet qui investit l'objet et lui donne sa valeur. » Joseph NUTTIN

Besoin de compréhension du sens

La quête du sens, la recherche de cohérence est un trait important de la motivation humaine. L'être humain éprouve le besoin de s'expliquer, de se raconter, de comprendre le sens général de son existence. Plus la discordance entre ce qu'il dit et ce qu'il fait est importante, plus il éprouve le besoin de se justifier. L'être humain a tendance à lutter contre l'absurdité du quotidien, à se construire une conception globale de la réalité et à s'y inscrire. Il a le souci profond de comprendre la réalité et ne peut s'empêcher quelle que soit son activité de juger de la valeur et de la pertinence des buts poursuivis.

La tendance naturelle est à l'exploration cognitive, au besoin de comprendre et d'expliquer. Il a un besoin naturel de connaissance de son environnement. On observe un attachement affectif au système auquel il donne son adhésion, « la motivation impliquée » génère une force particulière. L'individu recherche un système de référence, il a tendance à se construire une conception globale de la réalité et à s'y conformer.

La plupart de nos structures motivationnelles sont des constructions personnelles. « L'Homme crée la culture et la culture crée l'Homme ». La dimension affective interpersonnelle et la réciprocité perçue sont essentielles. Chaque individu s'intéresse au plus haut point aux opinions et sentiments des autres à son égard. C'est même l'une des motivations importantes de son comportement. Joseph NUTTIN souligne la tendance naturelle à l'autodéveloppement et au contact avec les autres, à la recherche d'affection, d'appréciation et de coopération.

Il distingue deux types de motivation : « *la motivation égocentriste* » recherche de domination, de compétition dans un but d'affirmation personnelle et « *la motivation altruiste* » tendance à exécuter des comportements profitables à autrui. Une des caractéristiques du comportement humain est que l'Homme se donne des buts et fait des projets qu'il essaie de hiérarchiser et de réaliser.

> *Chacun s'intéresse au plus haut point aux opinions et sentiments des autres à son égard, c'est même l'une des motivations majeures du comportement individuel.*

Le modèle relationnel de la motivation montre que le besoin est une question de relation. À chaque instant, l'individu est sollicité par une multitude de motivations. Le comportement est le résultat d'une sélection et d'une hiérarchisation. La motivation est toujours une question de relation entre un sujet qui désire et un objet qui attire ou éveille l'intérêt. Information et motivation sont en interaction permanente à l'intérieur du processus comportemental. On note l'importance du stade préparatif de l'action que constitue la formation d'un projet. Le but lui-même n'est pas source ultime de motivation, il est le résultat et la concrétisation d'une dynamique plus générale. L'être humain a un besoin fondamental d'agir sur le milieu, de contrôler la situation, d'être compétent et efficace dans son action. En se transformant en projet, le besoin devient une affaire personnelle. Ainsi, un succès ou un échec ne se définit pas en termes de résultat objectif, mais en fonction du but personnel que le sujet s'est posé. Joseph NUTTIN distingue la motivation horizontale, recherche de buts différents et la motivation verticale, recherche d'un degré élevé de perfection.

Les 3 facteurs de développement de la motivation définis par Joseph NUTTIN

- *« Le besoin de stimulation »* : *besoin humain fondamental, la reconnaissance sociale stimule l'action et développe les performances.*
- *« Le besoin de structuration »* : *besoin de structuration du temps et de l'organisation, permettant d'inscrire un projet dans la durée et dans une stratégie globale.*
- *« Le besoin de progression »* : *besoin de s'inscrire dans un contexte d'évolution positive, en projetant ses ressources au travers d'un projet.*

Théorie de l'évaluation cognitive de DECI et RYAN

Une meilleure connaissance des mécanismes déclencheurs de la motivation permet d'améliorer la compréhension du comportement motivé et de renforcer l'efficacité des interventions. Pour DECI et RYAN, la théorie de l'évaluation cognitive postule que le comportement humain est motivé par les besoins d'autodétermination et de compétence. L'autodétermination favorise l'autonomie si l'environnement le permet et génère un accroissement de la motivation. La baisse de l'autonomie entraîne l'effet inverse, une diminution de la motivation. En ce qui concerne l'influence des perceptions de *la compétence* sur la motivation, DECI et RYAN soulignent que le sentiment d'incompétence favorise une baisse de motivation. *A contrario*, la reconnaissance de la performance renforce le sentiment de compétence.

DECI et RYAN distinguent par ailleurs, trois catégories de motivation : la motivation intrinsèque, la motivation extrinsèque et l'amotivation.

La motivation intrinsèque est le fait d'effectuer une activité pour elle-même et pour le plaisir qu'on en retire, c'est une activité engagée volontairement et par intérêt. Satisfaction des besoins fondamentaux de compétence et d'autodétermination. La motivation intrinsèque incite les individus à s'engager à fond et à trouver du plaisir dans le travail réalisé. Plaisir et motivation sont intimement liés, conduisant l'individu à ne pas agir en vue d'une récompense externe.

La motivation extrinsèque constitue un comportement instrumental. C'est une activité non engagée pour elle-même, mais pour en retirer un bénéfice ou éviter des difficultés, c'est la participation à une activité afin de recevoir une récompense ou éviter une punition. Beaucoup de personnes ne sont pas motivées par le travail qu'elles font, elles agissent dans le cadre d'une motivation extrinsèque. Selon ces auteurs, il existe quatre niveaux de motivation extrinsèque : *la régulation externe*, la source du contrôle de l'action est externe. *L'introjection*, la source du contrôle s'internalise toute en demeurant contrôlante. *L'identification*, le comportement est choisi et valorisé par l'intéressé. *La régulation intégrée*, l'individu a le sentiment de déterminer lui-même son comportement.

L'amotivation est l'absence de toute forme de motivation intrinsèque et extrinsèque.

> *Le sentiment d'incompétence favorise une baisse de la motivation. A contrario, la reconnaissance de la performance renforce le sentiment de compétence et développe la motivation.*

La théorie de l'apprentissage social de BANDURA

Le comportement de chaque individu résulte non seulement de l'environnement, mais aussi de la représentation cognitive de celui-ci. Albert BANDURA,[1] psychologue d'origine canadienne, développe une conception selon laquelle le comportement individuel est largement influencé par le regard des autres. C'est par les actes que les individus produisent les conditions environnementales, qui affectent leurs comportements. BANDURA considère l'interaction individu, comportement et environnement comme la base de l'étude du comportement organisationnel. Les membres d'une organisation apprennent à se comporter par observation des conduites de ceux qui les entourent. L'attitude de l'équipe dirigeante est plus importante que les consignes qu'elle peut donner.

Aucune théorie de la motivation ne s'impose de façon totalement satisfaisante, mais c'est de la confrontation et de l'intégration de ces théories qu'un management de la motivation, adapté au fonctionnement de chaque organisation, peut-être envisagé.

---

1. Albert BANDURA : *L'apprentissage social*, Mardaga, 1976 et *L'auto-efficacité, le sentiment d'efficacité personnelle*, De Boeck, 1997.

La logique de motivation des acteurs

Types de motivation	Objectifs	Auteurs de référence
Motivation économique	Utilitarisme et maximisation des intérêts	J. BENTHAM, J. STUART MILL
Motivation stratégique	Logique de système, « rationalité limitée »	CROZIER, FRIEDBERG, SIMON, BOUDON
Motivation d'engagement	Référence à des valeurs, donnant du sens à l'action	TOURAINE
Motivation sociale	Conduite liée aux rôles et aux habitudes Mise en scène de la vie quotidienne	BOURDIEU GOFFMAN

Chapitre 4

De la confrontation à l'intégration des principales théories de la motivation

Après avoir longtemps opposé les divers courants de pensées, des travaux récents suggèrent l'idée d'intégrer les différentes théories de la motivation compte tenu de leur caractère partiel et de leur éventuelle complémentarité. Chacun des principaux courants de pensée a révélé en effet ses limites. Les théories du contenu centrées sur les besoins ont essayé de proposer une liste universelle des facteurs de motivation sans y réussir. Les théories cognitives centrées sur les attentes se sont efforcées d'expliquer le processus de la motivation qui détermine les comportements humains sans y parvenir. Enfin, les théories interactionnistes intégrant l'environnement externe n'ont apporté qu'une perception de la réalité, même si l'ambiance de travail constitue un déterminant majeur.

La recherche sur l'intégration des modèles théoriques d'analyse des processus motivationnels se poursuit. Face à la multiplicité des théories Madame RUTH KANFER, professeur au Georgia Institute of Technology d'Atlanta, propose une nouvelle classification des théories de la motivation en distinguant trois orientations : les théories des besoins, des mobiles et des valeurs, les théories du choix cognitif et les théories de l'autorégulation et de la métacognition.

Classement des principales théories de la motivation proposé par Ruth KANFER

Théories des besoins, des mobiles et des valeurs	Les théories des besoins : – Théorie de MASLOW – Théorie des besoins d'ALDERFER – Modèle bi-factoriel d'HERZBERG Les théories de la motivation intrinsèque : – Théorie de l'évaluation cognitive de DECI et RYAN – Théorie des caractéristiques de l'emploi d'HACKMAN et OLDHAM Les théories de la justice organisationnelle et de l'équité : ADAMS, GREENBERG

Théories du choix cognitif	**Approche cognitive-interactionnelle**
	– Théorie du mobile
	  à l'accomplissement d'ATKINSON
	
	Approche cognitive-intermittente
	– Théorie de l'expectation valence
	  de VROOM
	
	Approche des dynamiques de l'action

Théorie de l'autorégulation et de la métacognition	**Théorie de la fixation des objectifs** **Théorie de l'autodétermination**

Après avoir fait le point sur l'état actuel des principales théories de la motivation, nous allons examiner dans une deuxième partie, comment certaines voies secrètes, au sens où elles sont encore dans l'ombre ou mal connues par les dirigeants, permettent de susciter la motivation et de lutter efficacement contre son assèchement.

Partie 2

Des voies secrètes à révéler

Au cœur du processus de management, l'activation des ressources humaine joue un rôle déterminant. Gérer une organisation consiste avant tout à favoriser et préserver la motivation de ses membres.

Chacun en effet, éprouve le besoin naturel de renforcer son savoir-faire, ses compétences et son développement personnel. Cela conduit à une attente permanente de cohérence et de perfectionnement dans l'action.

Dès lors, la question essentielle pour les équipes dirigeantes est de savoir comment faire face aux « pathologies » souvent lourdes et chroniques qui affectent la motivation au sein de leur organisation.

Le management de la motivation peut se définir comme l'art de piloter la dynamique des ressources humaines, en privilégiant les facteurs de maintenance et de renforcement répondant aux besoins fondamentaux des individus.

Dans cette deuxième partie, sera examiné comment, dans le contexte actuel, la prise en compte de la dynamique des valeurs, du pouvoir, des émotions, de l'équité et de la sécurité peut contribuer à renforcer la motivation au travail.

La dynamique de la motivation

Développement
des projets,
évaluation et valorisation
des résultats

Développement
de valeurs partagées

Développement
des compétences
centrées sur le métier

Développement
organisationnel
et responsabilisation

Développement
personnel

Xavier MONTSERRAT

Chapitre 5

S'appuyer sur les valeurs

« *Agis comme si la maxime de ton action*
devait être érigée en loi universelle de la nature. »

KANT

Depuis toujours, les Hommes se battent pour des valeurs, quelles soit politiques, culturelles, philosophiques ou religieuses.

Au sein des organisations, on ne peut diriger les personnes en se limitant à une réflexion sur le « comment » ou le « combien », il est essentiel de s'interroger aussi sur le « pourquoi » et le « pour qui » ? La référence à des valeurs communes partagées est un pré-requis fondateur de la motivation.

En l'absence d'engagement sur des valeurs affirmées, il est illusoire de penser pouvoir mobiliser durablement les ressources et les énergies. Les organisations performantes sont celles qui sont fondées sur une communauté de sens, qui s'affirment comme étant à la fois au service de valeurs et des personnes qui la composent.

Dans leur grande majorité, les membres d'une organisation recherchent le sens de leur action collective, de leur « agir en commun ». Quand il est trouvé, celui-ci constitue un puissant facteur de motivation ; il permet de substituer à une action individuelle souvent éphémère, une dynamique collective inscrite dans la durée.

Ainsi, les « organisations citoyennes » fondées sur une réflexion éthique et le partage de valeurs communes contribuent à la fois à l'épanouissement de leurs membres et au développement des performances collectives.

L'affirmation éthique renforce la motivation

Le questionnement éthique conduit à se poser les vraies questions : pourquoi s'investir professionnellement ? Qu'est ce qu'un engagement au service d'une organisation ? Pour qui travaille-t-on réellement ? Une réflexion sur le sens de l'action conduit à se poser un certain nombre de questions souvent éludées, mais sous-jacentes dans la réalité quotidienne. Le dénominateur commun de ce questionnement est la quête de sens comme moteur de l'action. Cette démarche réflexive pose la question centrale de la « valeur travail ». Celui qui s'engage professionnellement ne se contente pas d'être intégré socialement, il contribue à la réalisation d'un projet collectif.

L'articulation entre le projet personnel et le projet de l'organisation doit permettre de trouver une complémentarité entre les aspirations professionnelles et personnelles.

La morale collective affirmée par l'organisation contribue au moral de ses membres. L'affirmation de la légitimité éthique de l'organisation permet de lutter contre la tentation du repli sur soi et développe la cohésion du groupe.

Le lien social se renforce autour des valeurs et des projets partagés. L'éthique de l'organisation favorise la rencontre des aspirations individuelles et des aspirations collectives de ses membres. Les valeurs partagées sont véhiculées à l'intérieur de l'organisation et exportées à l'extérieur.

L'éthique clarifie les règles du jeu entre les acteurs et l'organisation

Le « moins disant éthique » n'est pas le moteur de l'action. Le fonctionnement satisfaisant d'une organisation ne peut se passer de la clarté sur les normes et sur le système de valeurs de référence. La formalisation d'une charte éthique, d'un code de bonne conduite ou de règles de déontologie permet de se référer aux valeurs fondatrices de l'organisation.

La reconnaissance des acteurs uniquement centrée sur la performance est insuffisante pour produire du sens. Seul l'adhésion à un projet collectif, à l'échelle de l'organisation ou d'une entité, constitue un engagement porteur de sens. La motivation fondée sur des valeurs conduit les personnes à prendre à leur compte les intérêts de l'organisation et à les défendre comme s'ils étaient les leurs. Elle doit permettre de relier l'immédiateté des intérêts personnels, avec les objectifs organisationnels de moyen et long terme. La finalité recherchée est l'inscription des objectifs de l'organisation dans l'action quotidienne de chacun de ses membres.

Motiver consiste à rechercher l'intégration des intérêts individuels et des intérêts collectifs de l'organisation, afin d'améliorer la cohésion sociale, de faciliter la tolérance à l'incertitude et de renforcer l'estime de soi.

> « L'engagement sur des valeurs est fondateur de la motivation. Une organisation ne peut s'affirmer durablement sans référence à des valeurs morales. » Tom PETERS

L'éthique renforce l'estime de soi

La confiance donnée par l'organisation est à la fois source de motivation et de confiance en soi. Celle-ci peut se définir comme le jugement par lequel on se sent en mesure de réaliser les tâches confiées. C'est un jugement de valeur établi par rapport à un idéal de soi et la capacité à se réaliser. L'estime de soi est le miroir de la façon dont nous nous réalisons à travers nos actions. Si la confiance en soi est source de motivation, l'estime de soi est un levier important d'implication.

De façon générale, l'être humain est inscrit dans une quête permanente de sens et aspire au développement des liens sociaux. La sous-utilisation du potentiel humain génère une déperdition d'énergie, un « gâchis humain » et contribue à la dégradation du système. L'organisation doit valoriser les conduites autonomes qui respectent l'éthique collective de ses membres.

La référence à un système de valeurs partagées forge l'identité de l'organisation

Manager, c'est susciter l'engagement sur des valeurs partagées

Manager, c'est donner une âme à une institution et créer une dynamique autour de valeurs partagées. La formulation de ces valeurs forge l'identité d'une organisation. Chaque membre doit pouvoir fonder son jugement et déterminer sa conduite, en se référant à des principes collectivement affirmés. La référence explicite à ce système de valeurs constitue un facteur important de motivation. Le management par les valeurs permet de développer l'engagement professionnel en renforçant le sens et la cohérence de l'action collective. Tom PETERS soulignait qu'il n'est pas possible de pouvoir mener une organisation sans l'affirmation de valeurs morales. Toutefois, réussir à faire partager des valeurs et développer des projets, dans lesquels l'ensemble des membres de l'organisation se reconnaît, constitue un véritable défi.

Le rôle du dirigeant est de favoriser l'émergence de valeurs qui ne soient pas imposées uniquement par la direction, mais qui trouvent écho auprès de l'ensemble du personnel. Pour renforcer l'engagement envers l'organisation, la définition des valeurs doit résulter d'un processus participatif. Le système de valeurs proposé doit tenir compte des aspirations individuelles et collectives des membres de l'organisation. Bien que cette attente soit rarement exprimée, le besoin de référence à des valeurs communes, répond à une aspiration profonde des membres de l'organisation.

Au-delà d'un code de bonne conduite, la formalisation des principes de référence de l'organisation à travers une « charte des valeurs partagées » ou une bible des règles de déontologie, constitue un objectif à atteindre. L'élaboration collective de ce document de référence permet l'appropriation du contenu et des enjeux par les membres de l'organisation.

Le sentiment de cohérence et d'identification à l'action collective renforce la mobilisation et favorise le développement d'une attitude modélisante. Ce code intériorisé et institutionnalisé, oriente le discours sur l'action et permet d'agir en conformité avec le milieu. Il constitue un « habitus » selon l'expression de Pierre BOURDIEU et permet une ritualisation des normes sociales de l'organisation.

La définition des valeurs

La définition des valeurs doit résulter d'un véritable processus participatif permettant de préciser : « ce que l'on veut être ? » un choix de valeurs, « ce que l'on veut faire ? » un choix d'objectifs, « ce que l'on veut privilégier ? » un choix de priorités et « comment l'on veut y parvenir ? » un choix de moyens d'action.

Quelles sont les valeurs porteuses aujourd'hui ?

La Déclaration du Millénaire, adoptée le 8 septembre 2000, par 175 États au sein de l'Assemblée générale des Nations Unies, retient sept principes et valeurs à portée universelle : « la liberté, la dignité humaine, l'égalité et l'équité, la solidarité, la tolérance, le respect de la nature et la responsabilité partagée ».

Ces valeurs sont en cohérence avec celles des Français, comme le montre le sondage ci-après.

Sondage :
les valeurs sociales de référence des Français

À la question « quelles seraient les valeurs d'une société dans laquelle vous aimeriez vivre ? » les Français interrogés répondent :
- *l'honnêteté (41 %),*
- *la justice (32 %),*
- *l'amitié (30 %),*
- *l'égalité (30 %),*
- *la famille (28 %),*
- *le respect de l'environnement (27 %),*
- *la liberté (25 %),*
- *les droits de l'Homme (24 %),*
- *la tolérance (24 %),*
- *la générosité (24 %).*

Certes, ces valeurs fondamentales sont abstraites mais elles servent de socle à des valeurs plus concrètes sur lesquelles peuvent se fonder des actions porteuses de motivation durable.

Ainsi, c'est la référence à des valeurs partagées qui constitue le ciment d'une organisation et guide son action. Les organisations qui réussissent sont jugées sur leur capacité à faire vivre ces valeurs.

Les valeurs de quelques organisations

Ainsi, un groupe industriel français affirme une nouvelle culture d'entreprise en affichant sept valeurs devant guider les comportements de ses salariés : « le respect des personnes, l'intégrité, la créativité, la responsabilisation, le travail en réseau, le courage et le sens de l'urgence ».

Le premier réseau européen d'établissements de santé privé met en avant « les valeurs d'humanisme, d'engagement, de culture de progrès et d'éthique ».

Dans d'autres secteurs, les valeurs font référence à la solidarité, l'équité ou l'équivalence de traitement, l'écoute, la compassion ou l'empathie, l'esprit de coopération davantage que l'esprit de compétition, la loyauté et l'intégrité, la tolérance et l'ouverture, le sens des relations, l'innovation, la flexibilité et la réactivité, l'excellence et la performance…

Quel que soit le domaine d'activité, le levier du management par l'affirmation de valeurs collectives peut être activé. Pour cela, il est important de construire et de se référer à des valeurs morales réellement partagées au sein de l'organisation, d'en assurer la diffusion et de veiller à leur mise en œuvre. Au-delà de la réflexion et de l'affichage de ces valeurs, il convient de développer une véritable philosophie de l'action et un état d'esprit propice à leur mise en œuvre. Comme l'observe Alain TOURAINE « l'acteur engagé agit au nom de valeurs, sans nécessairement calculer, l'essentiel est de donner du sens à ce qu'il fait » (voir encadré page suivante).

Exemples de valeurs partagées
au sein d'un hôpital

- *Éthique* : *Respect d'une culture de l'éthique et d'une intégrité professionnelle,*

- *Client* : *Positionnement systématiquement du client-consommateur au cœur de l'activité de soins,*

- *Qualité* : *Démarche de qualité, prise en charge globale et personnalisée des patients,*

- *Sécurité* : *Sécurisation de l'offre, en garantissant une gestion maximale des risques,*

- *Performance* : *Mobilisation du personnel autour d'objectifs de performance, innovation et adaptation au changement,*

- *Économie* : *Recherche permanente de l'économie, du rapport optimum entre les moyens et les résultats,*

- *Développement des compétences* : *Renforcement du potentiel humain par le développement des compétences grâce à une politique active de valorisation des savoir faire et de formation,*

- *Environnement* : *Prise en compte des problèmes liés à la population et à l'environnement. Développer une approche de service public et de santé publique, en positionnant l'établissement sur des problématiques sanitaires et sociales, et non uniquement hospitalières.*

Le développement durable, valeur stimulante

La sensibilisation des membres d'une organisation au développement durable, à l'action humanitaire et la solidarité internationale constitue un puissant facteur de mobilisation interne. L'énergie de donner, de partager, d'entreprendre pour le bien commun est présente chez beaucoup d'individus.

Il faut toutefois organiser cet élan. Une telle démarche fait naître la satisfaction d'appartenir à une organisation perçue comme responsable et citoyenne, défendant une éthique et favorisant le resserrement des liens sociaux. Le développement durable et l'action humanitaire sont des axes privilégiés qui favorisent cette envie d'agir.

La convergence des progrès économiques, sociaux et environnementaux est mobilisatrice

Consciente des enjeux ou cédant à la pression du moment, de nombreuses organisations orientent leur gestion et leur activité, en appliquant le concept du développement durable, c'est-à-dire en cherchant à concilier, dans un engagement à long terme, le progrès économique et social, avec le respect de l'environnement. Elles cherchent à appliquer différents principes : la défense des droits de l'Homme, la maîtrise de la consommation des ressources énergétiques, avec notamment l'utilisation rationnelle de l'eau et de l'énergie, le tri des déchets, l'intégration de nouvelles technologies respectant l'environnement.

Au niveau de la gestion interne, l'objectif recherché est le dialogue social, le droit à une juste rémunération, le droit à la formation, le principe d'égalité entre hommes et femmes, ainsi que le respect de ces principes par tous les acteurs de l'organisation, clients, fournisseurs et partenaires.

L'objectif de cette démarche globale est de donner à chacun la possibilité de participer concrètement à des actions relevant du développement durable.

> « L'autre est ma responsabilité. » Emmanuel LÉVINAS

L'action humanitaire renforce le sentiment d'utilité de chacun

L'action humanitaire et l'aide au développement constituent une démarche qui renforce la cohérence avec les valeurs affichées. En outre, l'action humanitaire est une expérience enrichissante du point de vue personnel et développe le sentiment d'utilité. Quelles que soient leurs formes, ces actions de solidarité constituent des leviers de motivation.

Une mutualisation des heures supplémentaires

Dans un établissement public de santé du sud de la France, le projet de coopération internationale engagé dans le cadre du partenariat avec un pays africain, a abouti à un accord de mutualisation des heures supplémentaires effectuées par le personnel. Les heures supplémentaires dégagées par le personnel étant réservées au profit de l'action humanitaire. D'autres formes d'action peuvent être envisagées sur le temps de travail, à l'issue d'un accord d'entreprise ou pendant les périodes de congés.

De l'humanitaire pendant les congés payés
www.congesolidaire.org

L'association « Congé solidaire » propose aux entreprises d'envoyer leurs salariés en mission humanitaire pendant leurs vacances. Les personnes volontaires peuvent partir pendant deux semaines grâce au financement de leur entreprise. Ce système très innovant a déjà séduit plus de 350 salariés. L'association « Congé solidaire » travaille avec des ONG présentes essentiellement en Afrique de l'Ouest, au Liban, en Afghanistan, au Honduras et en Thaïlande. Les missions proposées concernent la formation d'adultes, l'aide à la création de micro-structure et l'animation éducative, culturelle ou sportive en faveur des jeunes. Le candidat au départ peut choisir sa mission et bénéficie par l'association d'une préparation personnelle. Sur place, il est hébergé chez l'habitant ou dans des structures mises à disposition par l'ONG pour laquelle il est bénévole. Chaque mission est financée par l'entreprise du salarié pour un montant d'environ 2 000 euros, les frais de transport sont généralement à la charge de l'intéressé.

> *Cette expérience humaine nouvelle en faveur du développement durable constitue un vecteur de motivation individuelle et une opportunité de mobilisation fédératrice pour l'entreprise. Ces actions font le plus souvent l'objet d'une communication interne et externe fondée sur les valeurs de l'organisation.*

L'action du dirigeant, porteuse de sens

Le dirigeant est un porteur de sens, capable d'expliciter l'implicite et d'exercer un lien entre les jeux individuels et l'enjeu collectif. L'expression d'une philosophie accroît la lisibilité de l'action au plan interne et externe. Ce mode de management vise à fédérer la dynamique interne et à renforcer l'identité collective.

Si la fonction première du dirigeant est de donner du sens à l'action, il doit être en mesure d'expliquer le « pourquoi » de l'action, avant le « comment ». Être porteur de sens conduit à communiquer, interpeller et questionner les membres de l'organisation sur leur action au quotidien. Le dirigeant doit veiller aux risques permanents de glissement de finalité et cultiver une pédagogie du doute actif face aux évidences et au fatalisme d'attitude. La question essentielle en matière de motivation est celle du « pourquoi ?».

Pour le dirigeant, affirmer clairement des valeurs est une attitude exigeante et engageante. Toute transgression de ses valeurs risque de remettre en cause sa crédibilité. Tout effet d'annonce est suspect, la motivation c'est d'abord une attitude.

L'éthique des entreprises

« 87 % des salariés déclarent qu'ils seraient plus fidèles à leur entreprise si elle était engagée dans des activités destinées à améliorer l'état de la société. Les attentes du public en matière d'engagement citoyen des entreprises sont très élevées, mais les bénéfices pour les entreprises qui sauront y répondre le sont également. Quand une entreprise mobilise ses employés dans un projet commun de bénévolat visant à donner un sentiment de fierté aux salariés, elle est incitée à rencontrer des collectivités, des associations. Les entreprises qui recueillent les fruits de leur engagement sont surtout celles qui intègrent la démarche citoyenne au cœur de leur stratégie de développement, par opposition au mécénat qui se pratique en marge de l'entreprise et souvent en dehors des salariés. La démarche citoyenne d'une entreprise ne porte ses fruits qu'à condition d'y créer un consensus qui corresponde à un véritable engagement individuel et collectif ».

(Article de La Tribune *du 30 août 1999)*

La cohérence entre le discours et l'action impose le respect

Dans une logique de management par les valeurs, la vertu de l'exemplarité est essentielle. La conduite du dirigeant doit être lisible et porteuse de sens. Les valeurs de référence doivent être immédiatement perceptibles. Il s'agit de rendre visible et cohérent le lien entre « l'être », « le dire » et « le faire ».

La crédibilité du manager, qu'il soit dirigeant ou cadre de l'organisation, dépend de la cohérence entre le discours et l'action. L'exemplarité dans l'attitude est déterminante. De ce point de vue, il convient de souligner combien l'intégrité et la probité imposent le respect. John Langshaw Austin,[1] professeur de philosophie morale à Oxford, l'analyse avec justesse dans un ouvrage intitulé : « *Quand dire, c'est faire* ». Quelles que soient les difficultés et le contexte général de l'organisation, la motivation passe par une identification et une adhésion aux valeurs et aux projets affichés par l'institution. Dès lors, l'attitude individuelle des dirigeants s'avère déterminante et conditionne la dynamique interne de la motivation.

---

1. John Langshaw Austin (1912-1960) : *How to do things with words*, Éditions Points, 1962.

Motiver par la finalité ou par les moyens d'action ?

Il importe de connaître le registre dans lequel s'inscrit la motivation. Selon que la conscience privilégie la fin ou les moyens, la nature de la motivation est différente. Quand la motivation se porte exclusivement sur l'un ou sur l'autre, il en résulte généralement une confusion.

Les consciences centrées uniquement sur la finalité de l'action sont certes très motivées, mais connaissent l'échec parce qu'elles ne s'ouvrent pas à l'intelligence des moyens permettant la mise en œuvre de leurs projets. Elles s'égarent dans le mirage de la contemplation et de l'idéalisation.

En revanche, la motivation centrée essentiellement sur les moyens se focalise sur la mise en œuvre, sur les actions secondaires et sur les détails, faute de parvenir à une véritable perception d'ensemble.

Or, l'équilibre impose de gérer simultanément la motivation relative aux fins et aux moyens. L'individu motivé apparaît comme un être de finalité, sachant garder un lien étroit avec le réel. La maîtrise du « faire », accompagne la motivation de « l'être ».

Dynamiser la tension entre valeurs de « l'avoir » et valeurs de « l'être »

À l'origine, les populations nomades percevaient la notion de besoin de façon différente. Elles possédaient peu d'objets et chacun de ces objets pouvaient être remplacé facilement. Moins elles possédaient de biens matériels, plus elles étaient libres de se déplacer et de partir vers de nouveaux terrains de chasse. L'activité du nomade était liée à des besoins simples : chasser, se nourrir, assurer sa protection… Avec la révolution agropastorale du néolithique, les populations se sont sédentarisées et ont créé la contrainte des biens, de la propriété et de la richesse. Si le nomadisme est une aspiration qui reste ancrée au plus profond de la nature humaine, au fil du temps, deux conceptions existentielles ont émergé et influencé l'attitude au travail : la motivation liée à « l'avoir » et la motivation liée à « l'être ». Entre ces deux conceptions, chacun compose avec des aspirations et des valeurs différentes.

La motivation de « l'avoir » et la relation au pouvoir crée le risque d'une insatisfaction permanente

La motivation de « l'avoir » s'inscrit dans une recherche d'appropriation et une aspiration au pouvoir. Cette attitude est exacerbée par un mode de vie fondé sur la production et la consommation élevée de biens et de services. Produire et consommer est une façon de posséder et d'exister davantage dans une société d'abondance.

La relation aux biens matériels génère une forme d'identité et de sécurité. Cette motivation favorise une attitude paradoxale, fondée sur la recherche d'avantages matériels ou d'accumulation de biens d'une part et la peur de les perdre d'autre part. Paul DIEL, philosophe et théoricien de la motivation,[1] observait la tendance naturelle de l'être humain à rechercher la satisfaction de ses besoins, tout en les multipliant. Notre société, disait-il « crée plus de besoins qu'elle n'en comble, générant ainsi le risque d'une insatisfaction permanente ».

Nous vivons dans un univers où la rationalité croissante conduit à une maîtrise toujours plus grande de l'environnement, à une évaluation et un contrôle de plus en plus élevés de l'incertitude, de l'imprévisible et du hasard. Prospective, prévision, anticipation, constituent un nouveau credo pour gérer l'incertitude et lutter contre la peur de l'inconnu. La société de consommation et de comparaison recherche la maîtrise totale de son univers. Louis LE PRINCE RINGUET soulignait que cette société matérialiste « crée des égoïsmes redoutables et stérilisant, amollit, ronge le caractère et détruit l'idéal ». L'abondance matérielle n'empêche pas la misère affective et l'indigence du lien social.

Si la motivation de l'avoir favorise le goût de la possession, du pouvoir et conduit parfois à l'exploitation ou à la corruption, la motivation de l'être crée en revanche, une tension propice à un rééquilibre.

---

1. Paul DIEL (1893-1972) : *Psychologie de la motivation*, PUF, 1947.

La motivation de « l'être » privilégie les valeurs et crée une tension propice à un rééquilibre

Si la motivation relevant du mode « avoir » s'inscrit dans une recherche d'appropriation et de pouvoir, la motivation relevant du mode « être » privilégie la référence aux valeurs. Cette forme de motivation est fondée sur une priorité accordée à la dimension relationnelle, à l'engagement et à la solidarité. Dans cette conception, la qualité de l'individu donne la valeur à ses actes et non l'inverse. C'est la volonté d'exister par ce que l'on est et pas uniquement parce que l'on fait.

Cette attitude motivationnelle permet d'expliquer pourquoi de nombreux individus entreprennent des tâches difficiles, même si aucune récompense matérielle ne leur est offerte en retour. Cette forme de motivation peut conduire à l'extrême jusqu'au renoncement et au don de soi.

De tout temps, les valeurs humaines de générosité, d'altruisme ou de compassion ont motivé les individus. Tous les témoignages insistent sur la satisfaction de se sentir utile, le sentiment d'appartenance, de reconnaissance, le plaisir d'accomplir ensemble une action positive. « La motivation de l'être permet de lutter contre la montée de l'insignifiance » observe le philosophe Cornélius CASTORIADIS.

« Le syndrome du Saint-Bernard »

Altruisme et compassion

L'action du bénévolat permet de souligner le besoin d'échange, de relation humaine, d'identification à une communauté et à des valeurs repères. La France compte environ 7 millions de bénévoles, soit 15 % de la population adulte. La majorité est motivée par des valeurs de solidarité, d'action humanitaire, le respect de la nature et de l'environnement. De la défense des droits de l'Homme, aux Restos du cœur, à la visite aux malades, l'action désintéressée au service de la communauté joue un rôle social fondamental. Le bénévolat s'exprime dans des domaines les plus divers.[a] La Fondation de France classe le bénévolat en 7 secteurs : les sports et les loisirs pour environ 33 %, le secteur de la santé pour 14 %, la culture et les arts, l'environnement, l'éducation, la recherche, la religion et les activités professionnelles. Une association humanitaire comme la Croix Rouge par exemple mobilise en France plus de 100 000 bénévoles.

Le Centre National du Volontariat[b] définit le bénévolat comme « un élément d'épanouissement personnel, d'acquisition de connaissances et de compétences nouvelles, d'amplification des capacités, en favorisant l'initiative et la créativité, en permettant à chacun d'être plus acteur, qu'usager et consommateur ».

> *Le bénévole est avant tout un donateur, animé par un objectif personnel puissant. Il se distingue par sa capacité de donner du temps ou de l'argent, en s'engageant dans une dynamique d'action collective. L'essence même du bénévolat tient aux principes de gratuité de l'action et de liberté totale de l'engagement.*
>
> *L'analyse des pratiques de bénévolat permet de mieux comprendre la potentialité de motivation des individus. Au-delà de sa diversité et de sa complexité, la motivation obéit à une logique spécifique. L'altruisme n'est pas toujours la motivation première et chaque bénévole intervient pour des raisons ou des « dettes personnelles » qui lui sont propres. L'énergie déployée et l'investissement ne dépendent pas seulement du degré de conviction dans la cause défendue. Les bénévoles trouvent dans leur activité un moyen de recréer du lien social et de rompre leur isolement. L'engagement bénévole crée une identité et une reconnaissance sociale nouvelle.*

a   www.fdf.org : Baromètre de la générosité et du mécénat. Au cours de l'année 2000, les dons des Français ont été évalués à 15 milliards de francs en argent, en nature ou en temps.

b   Centre National du Volontariat : www.benevolat.com.

L'action collective génère de l'énergie, de la créativité et contribue au développement personnel. Les approches motivationnelles de l'altruisme montrent que le volontariat et la solidarité génèrent des compensations au plan personnel. Les bénéfices sociaux par rapport aux autres et moraux par rapport à soi, favorisent l'épanouissement personnel et l'interaction sociale. L'aide, l'assistance, les actions humanitaires ou la défense des droits de l'Homme, développent l'estime de soi et la reconnaissance des autres. Le donneur éprouve un plaisir réel à donner, à partager et à être utile. Cette relation de « don et de contre-don » est parfaitement décrite par Marcel MAUSS dans son essai sur le don.[1] Il définit l'échange comme une prestation entre personnes ou entre groupes, qui entraîne trois obligations essentielles : « donner, recevoir et rendre ». Les actions humaines sont avant tout motivées par la création de liens d'échange.

> *Agir en accord avec ses valeurs renforce la motivation.*

---

1. Marcel MAUSS, *Essai sur le don*, 1925 : « Le don, loin d'être un acte simple, univoque et massif, est en fait un processus triadique dont le fonctionnement est garanti par la cohésion de ses différentes dimensions : donner, recevoir et rendre ».

Sources de motivation

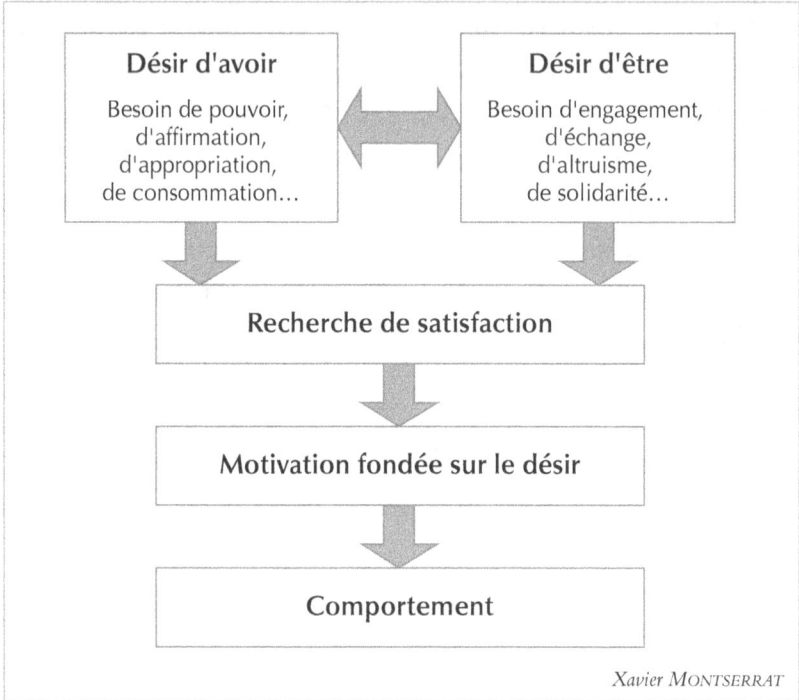

Désir d'avoir		Désir d'être
Besoin de pouvoir, d'affirmation, d'appropriation, de consommation…	⟷	Besoin d'engagement, d'échange, d'altruisme, de solidarité…

Recherche de satisfaction

Motivation fondée sur le désir

Comportement

Xavier MONTSERRAT

Le danger des motivations cachées : manipulation et stratégie d'influence

En matière de motivation, les principes éthiques sont fréquemment confrontés aux risques de pratiques manipulatoires.

La manipulation[1] peut se définir comme une pratique dissimulatrice permettant d'orienter insidieusement les

---

1.   Du latin « manipulus » : poignée, par extension manipuler.

comportements. C'est une technique qui permet de parvenir à ses fins, sans se préoccuper moralement des moyens utilisés. Elle relève de l'exploitation des personnes et du machiavélisme.

Le « syndrome Potemkine »

La manipulation du réel

Expression d'une forme de dissimulation, le « syndrome Potemkine » constitue une mise en scène de la réalité. Cette manipulation vise à donner une perception rassurante de la réalité et l'illusion d'un environnement satisfaisant. Ce syndrome est lié à un homme politique russe, le Ministre Grigori Alexandrovitch Potemkine qui fut nommé en 1762 chambellan de Catherine II de Russie. Il entreprit la colonisation des steppes ukrainiennes, fit construire le port de Sébastopol et conçu un vaste projet pour recréer l'empire byzantin. Afin de rallier Catherine II à ses vues, il organisa pour elle un voyage à travers la nouvelle Russie. Au cours de ce voyage le long du Dniepr, Potemkine tenta de masquer tous les points faibles de son administration. On raconte qu'il aurait fait construire à la hâte des villages sur les rives du fleuve et fait recruter des figurants pour tenir le rôle de « moujiks endimanchés » qui dansaient dans les villages. Au sein des organisations, le « syndrome Potemkine » traduit la volonté manifeste de manipuler et de mettre en scène le réel.

L'attitude de chacun face aux jeux de la manipulation est souvent ambiguë. Ils fascinent autant qu'ils inquiètent.

Mais la manipulation relève d'une démarche frauduleuse, incompatible avec un management fondé sur le respect des personnes. Motiver ne consiste pas à tirer les ficelles du comportement des autres.

Se prémunir des dangers par un contrat clair

Au sein des organisations, le management de la motivation est un outil d'influence, d'orientation et parfois de domination. L'objectif recherché est la dynamisation des moyens humains pour la réalisation d'objectifs institutionnels.

L'éthique doit se fonder sur le respect et l'intérêt respectif des parties. La nécessité d'un contrat précis et régulièrement actualisé s'impose entre les membres d'une organisation et les dirigeants. La motivation n'a de sens que si elle s'inscrit sur les bases d'un contrat clair, à obligations réciproques et explicites. La différence entre la motivation fondée sur « l'être » et la motivation fondée sur « l'avoir », s'exprime souvent par le rapport à l'autorité.

Le mode « avoir » a tendance à fonder une autorité reposant sur le pouvoir, générant le risque de l'exploitation des personnes. Ce mode de comportement renforce le sentiment de puissance et d'autorité des individus.

Le mode « être » en revanche, se repose davantage sur le respect, la reconnaissance et l'échange. L'autorité est basée sur la compétence personnelle et l'essence de l'individu.

Au sein des organisations, chacun de ces modes n'existe pas de façon intrinsèque mais se traduit par une dominante, favorisant une tendance générale qu'il convient d'identifier.

Le besoin de reconnaissance peut favoriser le risque de manipulation

À ce stade, il importe de différencier la notion de manipulation et la notion d'influence. Si la manipulation présente un caractère frauduleux, l'influence relève de techniques de persuasion et d'argumentation visant à développer l'art de convaincre. La stratégie d'influence joue sur le registre de la conviction et de la rationalité, elle n'exclue pas le recours à l'affectivité, la séduction et la pression sociale. « Influencer avec intégrité » reste toutefois toujours un exercice difficile, aux confins de l'influence et de la manipulation, la frontière est ténue.

L'influence est fondée sur le besoin d'approbation et de considération des autres. L'être humain est avant tout un être social, qui préfère parfois perdre la vie, plutôt que perdre la face ou être déconsidéré. Le besoin extrême de reconnaissance est un appel permanent au regard d'autrui. Il constitue un ressort d'influence, mais parfois également une source de manipulation. Le caractère affectif d'une relation incite à l'action demandée. Sous l'influence de la pression sociale, chacun a naturellement tendance à croire que le comportement du plus grand nombre est le plus approprié. Le conditionnement social constitue un facteur d'influence, c'est un processus par lequel le sujet, sous pression sociale ou autoritaire, est amené à faire et parfois à vouloir des actions, qui vont à l'encontre de ses propres intentions ou intérêts.

Le sentiment d'être en compétition pour des ressources rares ou une promotion exceptionnelle est une importante source de motivation. La manipulation du caractère difficilement accessible de ces ressources ou de cette promotion, peut générer un effet de motivation manipulatoire. La notion d'emprise peut par ailleurs, entraîner une déstabilisation, voire une dépendance. « Le consensus frauduleux »[1] doit également être dénoncé. Il se définit comme un accord comprenant une clause explicite et une clause implicite à laquelle il convient également de souscrire. « Le consensus frauduleux » se traduit par l'engagement sur la base d'une action explicite et d'une relation implicite.

> Le besoin de reconnaissance est un appel permanent au regard d'autrui. Il constitue un ressort de la motivation, mais présente également un risque de manipulation.

---

1. SIRIC, *Communication ou manipulation*, édition Empirika , 1982.

Le « syndrome Lascaux II »

La tentation du faux qui préserve le vrai

La grotte de Lascaux, qualifiée de « Chapelle Sixtine de la préhistoire » est un véritable chef d'œuvre de l'art pariétal signé par l'Homme de Cromagnon, environ 15 000 ans avant notre ère. Lorsque cette grotte fut découverte en Dordogne en 1940, elle avait résisté au temps, mais 15 ans après son ouverture au public, en 1963, André Malraux ministre de la culture, ordonne sa fermeture pour assurer sa protection. Vingt ans plus tard, un nouveau site ouvert au public reproduisait la grotte de Lascaux à l'identique, grâce à une reconstitution artificielle du réel. Le fac-similé de Lascaux a attiré plus de 5 millions de visiteurs depuis son ouverture en 1983. La tentation est fréquente de reconstruire le réel, au nom souvent de l'intérêt supérieur des organisations. Le « syndrome Lascaux II » exprime la tentation de présenter le faux pour préserver le vrai. C'est la conception que toute vérité n'est pas bonne à dire ou à montrer pour l'organisation. Ce syndrome favorise une distorsion entre la vérité historique et la vérité narrative.

Questionnaire d'autoévaluation

– **Question 1** : Votre organisation affiche-t-elle des « valeurs partagées » ? Si oui, lesquelles et sous quelle forme ?

– **Question 2** : Êtes-vous capable d'énoncer vos principales valeurs de référence ?

– **Question 3** : Êtes-vous en mesure d'affirmer et d'expliquer ces valeurs en public ?

– **Question 4** : Avez-vous la volonté de vous engager pour défendre ces valeurs ?

– **Question 5** : Vos valeurs personnelles et celles de votre organisation sont-elles compatibles ?

Chapitre 6

Moderniser
les relations de pouvoir

« Le pouvoir constitue le fondement de l'action organisée…
Il n'y a pas d'organisation sans pouvoir. »

Michel CROZIER

Le pouvoir comme fondement de la motivation est au moins aussi ancien que les organisations elles-mêmes. Autrefois, quand les groupes de nomades se réunissaient pour chasser, ils désignaient un chef. L'autorité de celui-ci était temporaire et se terminait quand le groupe se dispersait. La longue marche des chasseurs-cueilleurs s'est achevée il y a environ 10 000 ans par la révolution néolithique et la sédentarisation, marquant le passage d'une économie de prédation à une économie de production. Cette mutation humaine a conduit les Hommes à fonder les premiers villages, à inventer l'agriculture puis l'élevage, créant la spécialisation des taches, la division du travail, les hiérarchies et la propriété.

Comme le souligne l'historien Jean DORST, la révolution agro-pastorale du néolithique est sans doute une des étapes les plus importantes de l'histoire de l'humanité. Le prédateur du paléolithique en devenant producteur au néolithique a dû apprendre à gérer des communautés importantes, il lui a fallu édicter des règles et les faire observer. Dans les premiers villages, le pouvoir était purement charismatique, mais progressivement les meneurs temporaires des communautés villageoises ont laissé place aux chefferies, organisant la répartition des tâches et des statuts inégalitaires fondant la division sociale. Cette évolution s'est imposée graduellement comme un phénomène mondial, partout l'homme a déclenché l'engrenage d'organisations complexes, favorisant les jeux et enjeux de pouvoir. Aujourd'hui, si la subordination au pouvoir n'est plus de même nature, l'Homme moderne n'est pas encore totalement sorti de la préhistoire. Au fond de lui sommeille toujours un chasseur primitif en quête de territoire, succombant fréquemment à la violence et la barbarie pour affirmer son pouvoir.

Un incontournable besoin de pouvoir et d'influence

L'esprit de conquête et l'esprit de coopération

L'Homme reste aujourd'hui encore fortement influencé par ses origines et obéit largement aux règles qui prévalaient autrefois chez ses lointains ancêtres. Deux traits majeurs prédominent chez lui, l'esprit de conquête et l'esprit de coopération.

L'esprit de conquête fait de l'Homme un explorateur qui possède un besoin intense d'explorer, de conquérir et de dominer le monde qui l'entoure. Cette tendance hégémonique l'a conduit à élargir sans cesse ses horizons, à occuper de grands espaces, à chercher à dominer la nature et l'ensemble des espèces vivantes. Cet esprit de conquête s'exprime aujourd'hui sous des formes multiples, esprit d'entreprise, besoin d'exploration, attrait de l'extrême.

L'esprit de coopération est un autre trait particulier de l'être humain. Le caractère coopératif de l'espèce s'est développé en même temps que l'instinct de chasseur. Jadis, la coopération entre les hommes était nécessaire pour organiser les expéditions de chasse permettant la survie de l'espèce. Le sens de l'allégeance au groupe est née au sein des réunions de chasse où la survie dépendait de la cohésion du groupe.

Aujourd'hui, le travail a remplacé la chasse mais il a conservé un grand nombre de caractéristiques fondamentales de celle-ci. La division du travail a renforcé l'interdépendance et la nécessaire coopération entre les hommes. Toutefois, si lors de la chasse l'acte de tuer la proie était naturel, dans le contexte du travail il se transforme fréquemment en acte de domination ou en rituel symbolique de mise à mort. Le travail joue le rôle de substitut, le besoin de tuer la proie a évolué mais sa nature persiste, elle s'exprime par la recherche du pouvoir. Le besoin d'exercer un pouvoir sur les autres correspond souvent à la perte d'un pouvoir sur soi-même. Il constitue une des motivations de base du comportement humain au sein des organisations. De ce point de vue, l'être humain n'a pas encore coupé les liens qui le relie à la préhistoire.

Dépasser le tabou du rapport dominant-dominé

Au sein des organisations, la recherche du pouvoir et la volonté de domination affectent fondamentalement les rapports humains. Or, nous vivons dans une société où l'on parle plus facilement de sexe que de pouvoir, l'évocation de celui-ci reste encore le plus souvent un sujet tabou.

Si la guerre est un aspect paroxystique du rapport collectif dominant-dominé, le goût du pouvoir, l'agressivité et la volonté de domination font partie intégrante de la nature humaine. Cette aspiration est fréquente mais rarement avouée, elle imprègne le fonctionnement général des organisations et affecte le processus de prise de décision.

Le rapport de domination et de soumission à l'autorité favorise le développement de relations complexes et ambiguës. La relation hiérarchique entre supérieurs et subordonnés génère une tension de pouvoir qui varie selon le mode de commandement, le style de management et le type de relation interpersonnelle.

Force est de constater que les relations entre les membres d'une organisation s'inscrivent inévitablement dans un champ inégalitaire structuré par des relations de pouvoir. La conduite face à un supérieur hiérarchique ne correspond pas à une simple obéissance, mais au résultat d'une négociation. La relation dominant-dominé est intériorisée par les différents acteurs et s'exprime par des phénomènes « d'ajustement déférentiel » ou « d'ajustement par anticipation ». Les effets de domination sont perceptibles entre les différents groupes formels ou informels de l'organisation.

Le rapport dominant-dominé est inhérent à toute organisation et la relation dirigeant-dirigé existe quelle que soit la qualité des rapports humains au sein de l'organisation. Il faut bien admettre qu'il n'existe pas d'organisation consensuelle sans rapport de force où chacun, quels que soient son statut et son activité, serait impliqué de façon identique. S'il n'existe pas d'organisation sans pouvoir, la maîtrise des mécanismes de pouvoir reste toutefois encore très empirique.

Le « syndrome du moulin banal »

Les formes d'affirmation du pouvoir

Par analogie avec la période médiévale, on peut considérer que chacun est un seigneur qui cherche à contraindre les habitants de sa seigneurie à utiliser « son moulin, son four ou son pressoir » moyennant une redevance. Les cahiers de doléances du Moyen Âge critiquaient le prélèvement seigneurial et dénonçaient « les rentes » et « les banalités » surtout l'obligation imposée par le système féodal de fréquenter « le moulin banal ». Par ce procédé, le seigneur prélevait une part des moyens de subsistance des paysans et agressait inutilement leur amour-propre. Dans notre société, les « banalités » sont les contraintes obligées et les figures imposées des rapports sociaux. Le « syndrome du moulin » imprègne le fonctionnement des relations humaines au sein des organisations et constitue une forme complexe et plus ou moins formalisée d'affirmation du pouvoir.

De la logique d'autorité à la logique de responsabilité

Les deux notions d'autorité et de pouvoir, souvent assimilées, doivent être clairement distinguées.

L'autorité est le pouvoir fondé sur le positionnement hiérarchique et le droit qui légitime le commandement.

Elle trouve sa légitimité dans la compétence technique et le savoir-faire ou dans la morale. Le rapport d'autorité met en scène les acteurs et entraîne le respect du détenteur de l'autorité.

Le pouvoir résulte de l'influence, de la force, de l'habileté, ou encore de la maîtrise de l'information. L'exercice du pouvoir se traduit par l'autorité et par le commandement. Le pouvoir charismatique se distingue de l'autorité hiérarchique.

Progressivement on assiste à l'évolution du management fondé sur une logique d'autorité, à un management fondé sur une logique de responsabilité, le contrôle interne et l'autocontrôle se substituant au contrôle externe (voir encadré page suivante).

Les sources traditionnelles du pouvoir

Les sociologues identifient traditionnellement les pouvoirs fondés sur le sacré, la force et l'argent. Dans les organisations les sources du pouvoir sont multiples : le pouvoir peut être lié à la position dans la hiérarchie de l'organisation. Le statut légitime alors la prise de décision.

Le pouvoir peut être lié à la compétence et l'expertise, ce pouvoir est d'autant plus valorisé qu'il est rare ou qu'il se fonde sur des disciplines et des croisements de disciplines peu fréquentes.

Le pouvoir peut être lié à l'information, aux réseaux et aux contacts.

« L'effet Milgram »

La soumission à l'autorité

La soumission à l'autorité est un trait récurrent et dominant de la condition humaine. Ce phénomène a été mis en exergue par les travaux du psychologue social américain Stanley MILGRAM. Il traduit l'expression caricaturale du pouvoir exercé par une autorité injuste sur un individu de bonne foi. De 1960 à 1963, Stanley MILGRAM a mené des expériences afin d'étudier comment l'être humain concilie les impératifs de l'autorité et sa motivation personnelle à agir selon un registre de valeurs. MILGRAM avait mis en scène une situation expérimentale permettant d'évaluer jusqu'à quel point une personne était prête à se soumettre à une autorité supérieure.

Il recrutait par petites annonces des personnes censées participer à une expérience relative à l'impact de la sanction sur la mémorisation. Le candidat était chargé de l'enseignement et un acteur complice jouait le rôle d'élève. La méthode pédagogique retenue par l'expérience consistait pour Milgram, à la suite de chaque erreur de demander au candidat enseignant d'infliger un choc électrique à l'élève. Le protocole de l'expérience prévoyait à chaque erreur, une augmentation de la puissance du choc électrique pouvant aller jusqu'à 450 volts. Cette expérience avait en fait pour objectif véritable d'évaluer jusqu'à quel point un individu est prêt à se soumettre à une autorité supérieure, alors qu'il désapprouve la consigne imposée.

> *Les résultats montrèrent que 65 % des candidats obéissent à l'expérimentateur et infligent des décharges électriques, jusqu'à 450 volts. Au nom du principe de soumission à l'autorité, une majorité des candidats ont mené l'expérience jusqu'à son terme.*
>
> *(Dans l'expérience, bien sûr, les décharges étaient simulées et non réelles).*

Le pouvoir personnel est lié à la personnalité propre de chaque individu et résulte du leadership, du charisme, de la capacité de donner un sens collectif et de faire converger les aspirations vers un projet commun.

Les études menées par le sociologue Michel CROZIER[1] montrent que la recherche du pouvoir au sein des organisations constitue une des motivations principales des acteurs. Michel CROZIER estime que la motivation première de chaque acteur est de chercher à maximiser sa position dans l'organisation et à l'influencer pour faire passer ses intérêts. La théorie du pouvoir qu'il propose définit quatre sources de pouvoir :

- celui du « marginal sécant » lié à son positionnement entre l'organisation et l'environnement,

- celui de l'expert difficilement remplaçable par l'organisation,

---

1. Michel CROZIER : *L'acteur et le système*, Seuil, 1977.

- celui qui est lié à la prise de décision, le pouvoir de la maîtrise de la communication et des flux d'information,
- celui qui est lié à l'utilisation des règles organisationnelles permettant d'augmenter les zones d'incertitude et d'obtenir les comportements souhaités.

Le pouvoir est le mécanisme fondamental qui stabilise le comportement humain. Michel CROZIER insiste sur le besoin de congruence entre l'organisation et les besoins psychologiques individuels. Le caractère relationnel du pouvoir et le lien de dépendance qu'il crée entre les membres d'une organisation est essentiel. C'est une relation d'échange déséquilibrée qui se traduit par une forme de domination et de contrôle social.

Le renforcement de l'effet de réseau et d'alliance dans les stratégies de pouvoir

Le besoin de pouvoir génère inévitablement le risque d'abus de pouvoir. « Tout homme qui a du pouvoir est porté à en abuser » observe MONTESQUIEU. La conquête du pouvoir s'exprime le plus souvent par la notion de territoire et une attitude de défense des frontières de ce territoire. La plupart des conflits au sein d'une organisation résultent d'une tension relative à l'exercice du pouvoir et de la défense du territoire professionnel.

L'évolution d'organisations pyramidales vers des organisations développant des fonctions transversales et horizontales, renforce le pouvoir lié à l'effet de réseau et aux

116

stratégies d'alliance. La stratégie de recherche de pouvoir est d'autant plus importante que la liberté d'action et les possibilités d'initiatives laissées par l'organisation sont réduites. Le pouvoir d'un membre de l'organisation correspond à sa capacité de blocage ou de résistance sur le système de prise de décision et sur la mise en œuvre de ces décisions.

Les cinq fondements du pouvoir

– *Le pouvoir de coercition* : *la capacité de sanction*

– *Le pouvoir de récompense* : *la capacité de valorisation*

– *Le pouvoir de l'autorité* : *l'exercice d'un droit légitime*

– *Le pouvoir charismatique* : *l'identification*

– *Le pouvoir de l'expertise* : *la compétence*

Des styles de pouvoir déterminants

L'attitude du dirigeant détermine l'adhésion

La personnalité et le statut de celui qui exerce le pouvoir sont essentiels. La capacité de diriger repose à la fois sur l'efficacité de celui qui détient le pouvoir et sur l'adhésion de ses subordonnés, c'est-à-dire de ceux qui reconnaissent ce pouvoir. La motivation des membres d'une organisation résulte en grande partie de l'attitude du dirigeant et de la façon dont il réussit à faire fonctionner l'organisation. C'est le produit d'un jeu complexe de lutte, de résistance, de valorisation des expertises et de recherche de maximisation des gains. Une organisation est un ensemble humain, dont les relations de pouvoir doivent être régulées. S'il convient de développer le sentiment d'importance de chacun, il est préférable de faire appel aux attentes, plutôt qu'aux obligations.

Le « syndrome du Jivaro »

Affirmer son pouvoir en s'opposant

Les Jivaros, indiens des Andes et peuple guerrier coupaient la tête de leurs ennemis. Réduites dans toutes leurs dimensions, ces têtes étaient portées comme des trophées. Le « syndrome du Jivaro » apparaît au moment de la prise de fonction, quand pour imposer son autorité un nouveau dirigeant commence symboliquement par réduire la tête de son prédécesseur. Pour affirmer son pouvoir, il exprime d'emblée une motion de défiance par rapport à celui qui a exercé des fonctions de direction ou d'encadrement avant lui. Au contraire, savoir rendre hommage à son prédécesseur, au nom du principe de continuité et de respect de l'action menée est un signe d'intelligence des situations et d'aptitude à la motivation.

> *Motiver les autres, c'est d'abord comprendre comment se motiver soi-même.*

Le contrôle de l'incertitude au sein de l'organisation donne du pouvoir

Comme le souligne Michel CROZIER, le pouvoir au sein d'une organisation résulte de la capacité à gérer l'incertitude.

Dans toute organisation, les acteurs mènent un jeu d'influences réciproques, « chacun cherchant à enfermer l'autre dans un raisonnement prévisible, tout en gardant la liberté de son propre comportement... plus la zone d'incertitude contrôlée par un individu sera cruciale pour la réussite de l'organisation, plus celui-ci disposera de pouvoir ». Cette attitude explique la maîtrise et la rétention d'informations, les arrangements particuliers, le secret et l'irrationnel de certaines conduites.

Les zones d'incertitude organisationnelle sont des véritables enjeux de pouvoir. La manipulation de la prévisibilité du comportement des autres constitue un des moyens pour augmenter son propre pouvoir.

Le pouvoir de chacun dépend de l'imprévisibilité de son comportement et du degré de contrôle qu'il exerce sur l'organisation.

Le rapport à l'autorité et le niveau de responsabilité des acteurs au sein de l'organisation détermine le niveau de motivation.

> « Il faut désormais animer et motiver, plutôt que commander et la qualité de la relation entre ceux qui donnent des ordres et ceux qui doivent les exécuter est essentielle. » Guy DELAIRE[a]

a   Guy DELAIRE, *Commander ou motiver ?*, Éditions d'Organisation, 1985.

La responsabilité

Après les grandes grèves des infirmières de 1989, la Mission d'information, de concertation et de proposition constituée auprès du ministère de la Santé avait souligné, après enquête, que « la dispersion des responsabilités et l'insuffisance du dialogue participaient très largement aux inquiétudes et au malaise que ressentait le personnel hospitalier ».

Le « syndrome Gengis Khan »

La toute puissance du pouvoir

Le nom de Gengis KHAN a incarné au début du XIIIe siècle la toute-puissance du pouvoir. Chef de tribu, il parvint à unifier l'ensemble des tribus mongoles et à leur imposer une discipline de fer. Ce jeune chef se distingue par la rapidité de ses attaques et la terreur qu'il impose aux populations, massacrant ceux qui lui résistent et détruisant les villages sur son passage. Progressivement, il organise une administration centrale principalement chargée de collecter l'impôt. Son pouvoir s'étend de l'Europe centrale à l'Océan pacifique. Le syndrome « Gengis Khan » peut se définir comme une attitude fondée sur la toute-puissance du chef, la fulgurance et l'imprévisibilité de ses décisions. Il s'agit d'une attitude archaïque que l'on rencontre encore fréquemment au sein de nombreuses organisations.

La déhiérarchisation et le décloisonnement favorisent la motivation

La relation au pouvoir est une préoccupation constante qui influence considérablement la vie professionnelle. Le pouvoir n'existe pas en soi, il ne peut s'exercer que dans le cadre d'une relation. La distribution inégale du pouvoir est l'essence même des organisations. Dés lors, le commandement consiste en un système de rapports entre le chef, ses subordonnés, l'organisation et l'environnement social. D'une manière générale, on assiste à une tendance au raccourcissement de la ligne hiérarchique et du circuit de prise de décision. La diminution des niveaux hiérarchiques vise au décloisonnement et au développement de la transversalité, de la responsabilisation et de la motivation individuelle.

Internet au service de la déhiérarchisation

En matière de déhiérarchisation, le développement d'Internet a contribué à écraser le fonctionnement de la hiérarchie traditionnelle dans les organisations. Avec Internet, la libération d'un grand nombre d'informations a créé les conditions d'un changement profond dans les relations professionnelles. Le courrier électronique et l'intranet, sont des outils qui remettent en cause la circulation contrôlée de l'information et en particulier le fonctionnement pyramidal. Internet impose une approche moins directive fondée sur le partage de connaissances et de l'expérience. L'enjeu est de favoriser l'expertise, la créativité, l'autonomie et l'interaction des membres de l'organisation.

Les styles de management motivent différemment les acteurs

Une des questions essentielles est le mode de relation au pouvoir. La distance hiérarchique, c'est-à-dire la relation supérieur/subordonné, détermine le style de management. Quatre styles principaux peuvent être distingués :

– *Le management directif* se traduit par la coercition, l'autorité, le contrôle et la dépendance. Il génère une distance hiérarchique forte et une logique de commandement. Ce style s'adresse aux mentalités qui acceptent un consentement au pouvoir.

– *Le management par la persuasion* se décline autour des notions de conviction, de persuasion, de mobilisation et d'influence relationnelle. Les phénomènes de leadership et d'ascendant amènent à jouer avec la distance hiérarchique. Ce mode de management s'adresse aux mentalités d'identification au pouvoir.

– *Le management par la participation* résulte de la négociation. Ce style de management réduit la distance hiérarchique et favorise la participation à la prise de décision. Il s'adresse aux mentalités d'intégration au pouvoir.

– *Le management par la délégation* génère la responsabilité, l'initiative, l'autonomie et un certain risque. C'est le mode de management qui développe le plus la motivation, en substituant une relation contractuelle à une relation hiérarchique traditionnelle. Il conduit à déléguer une part de pouvoir et doit s'inscrire dans le cadre d'un contrat clair, assorti de moyens réels. Il s'adresse aux mentalités d'accomplissement par le pouvoir. Cette forme de management se fonde sur le principe que c'est en donnant ou en déléguant du pouvoir, qu'on gagne du pouvoir.

> « L'acceptation renforce la tension motivante. » Paul DIEL

Dynamique des groupes et leadership essentiels

L'Homme est un être social et les relations qu'il entretient dans le cadre de ses activités professionnelles jouent pour lui un rôle essentiel. Le leadership est la capacité d'un détenteur de pouvoir d'entraîner l'adhésion de ses subordonnés. C'est la capacité à transmettre une vision globale et à générer une dynamique collective, l'aptitude à animer et à entraîner les équipes. Au sein des organisations, la dynamique des groupes et le leadership influencent directement la motivation.

La dynamique des groupes influence la motivation des individus

Un groupe professionnel est un ensemble de personnes qui ont un but commun et qui interagissent en s'influençant mutuellement. La taille du groupe, sa cohésion, ses normes informelles ont un impact sur le comportement et la motivation des individus. L'étude de la dynamique des groupes est née aux États-Unis dans les années 1930, à l'initiative de trois psychologues : Elton MAYO, Jacob MORENO et Kurt LEWIN.

Pour Elton MAYO[1] la motivation sociale est aussi importante que la motivation économique. Chacun attend de son travail de la considération et des relations interpersonnelles. Elton MAYO est à l'origine du courant des relations humaines dans l'entreprise. Il développe une vision sociale de l'être humain, sujet inséré dans un groupe auquel il a le sentiment d'appartenir.

Jacob MORENO[2] inventeur de la sociométrie, méthode d'analyse des relations au sein des groupes, développe l'idée que l'organisation d'un groupe ne dépend pas seulement de facteurs rationnels, mais aussi de données affectives.

Kurt LEWIN[3] considéré comme le fondateur de psychologie sociale, estime pour sa part que la dynamique de groupe est régie par un « champ de force » fondé sur le type de leadership, le mode de communication, les normes et les valeurs collectives qui exercent parallèlement leur influence. Il est le principal initiateur de l'étude de la dynamique de groupe.

À la suite de Kurt LEWIN, d'autres chercheurs se sont engagés dans son sillage, comme Karl ROGERS, qui propose une perspective de non-directivité dans l'animation de groupes restreints, en considérant que la motivation et l'épanouissement des individus passe par l'amélioration des relations interpersonnelles.

---

1. Elton MAYO (1880-1949).
2. Jacob MORENO (1896-1974).
3. Kurt LEWIN (1890-1947).

Le sociologue Irving JANIS, a mis en évidence différents symptômes de la pensée de groupe : « l'illusion d'invulnérabilité » qui conduit à une sous-estimation des risques ; la rationalisation collective qui tend à interdire toute remise en question des décisions antérieures ; la pression à la conformité sur les dissidents qui conduit les membres septiques à rentrer dans le rang après avoir subi les remarques de leurs collègues ; l'autocensure ; la croyance à la moralité inhérente au groupe et l'illusion de l'unanimité.

Le mode de management des groupes et notamment le style de leadership détermine le niveau de motivation des individus.

D'un leadership d'autorité à un leadership mobilisateur et transformateur

La notion de leadership se définit comme la capacité de susciter la participation volontaire des personnes ou des groupes pour atteindre les objectifs fixés. Le leadership se distingue de l'autorité hiérarchique, car il repose sur la notion de participation volontaire. Le fondement du leadership relève de la capacité d'influence d'une personne sur les autres. On assiste ainsi fréquemment à l'identification positive et à la projection des subordonnés sur le leader. Le leader est porteur de la philosophie de l'organisation, son leadership s'appuie sur sa compétence et sa capacité à expliquer ses décisions.

Trois types de groupes peuvent être identifiés en fonction du profil du leader :

- *le leader « autoritaire »* prend toutes les décisions d'ordre général concernant les activités et l'organisation du groupe. Il se tient généralement à l'écart des activités du groupe. Cette attitude tend à générer l'apathie et l'abandon des responsabilités au leader. Lorsque le leader s'absente aucune initiative collective n'émerge. Ce comportement favorise un sentiment de frustration et un déficit de motivation.

- *Le leader « laisser-faire »* se contente de répondre aux demandes et laisse une totale liberté pour décider des activités et de l'organisation. Dans ce groupe la performance est faible. Si les membres sont actifs et assez motivés, ils sont peu productifs.

- *Le leader « démocratique »* fait des propositions, mais les décisions sont prises d'un commun accord. Le leader s'efforce d'être un véritable membre du groupe, mais il s'implique peu dans les activités. Ce groupe manifeste le plus de satisfaction, une motivation et une performance élevées. Quand le leader s'absente, le groupe reste en pleine activité de façon efficace. Ce type de leadership est le plus productif au sein des organisations.

James MACGREGOR BURNS dans son ouvrage « *Leadership* » distingue *les leaders transactionnels* qui améliorent les plans d'action existants et *les leaders transformation-*

nels, qui changent les stratégies et les événements. Il souligne l'évolution actuelle d'un leadership d'autorité, vers à un leadership mobilisateur et transformateur.

Confronté à une réalité professionnelle instable, le savoir-faire repose davantage sur le comportement, que sur les connaissances. Le dirigeant doit posséder un combinatoire de compétences théoriques, techniques et méthodologiques, fondé à la fois sur le management et le leadership.

> *Seuls les leaders qui savent entraîner plutôt que contraindre peuvent motiver durablement dans un environnement complexe, imprévisible et changeant.*

Différencier les notions de management et de leadership

Management	Leadership
Capacité à gérer et à résoudre les problèmes	Capacité à diriger, à développer une vision globale et partagée de l'organisation
Approche en terme d'organisation et de stratégie	Approche en terme de culture et de valeurs
Interrogation sur le comment ?	Interrogation sur le pourquoi ?

Management	Leadership
Détermination de méthodes et de règles, instructions	Recherche de l'implication, de la motivation, suggestions
Exercice de l'autorité, structure hiérarchique	Exercice de l'influence, approche charismatique
Recherche d'une optimisation des modes de gestion	Recherche d'une identité de buts
DPO, management participatif	« Management by walking around »
Planification	Expérimentation
Développement des performances	Développement de l'autonomie et du potentiel

Les différentes catégories de leader

— *« Le leader producteur » sait ce qu'il doit faire. Il tire son pouvoir de sa compétence, son savoir-faire.*

— *« Le leader entrepreneur » sait ce qu'il faut faire. Il tire son pouvoir de sa capacité à analyser l'environnement et à repérer les opportunités.*

— *« Le leader organisateur » sait coordonner, organiser et définir les règles du jeu.*

— *« Le leader intégrateur » sait conduire les personnes, les rassembler et rendre le groupe plus homogène.*

Questionnaire d'auto-évaluation

- **Question 1 :** De quelle marge d'autonomie ou de liberté disposez-vous au sein de votre organisation ? Comment pouvez-vous l'utiliser ?

- **Question 2 :** Quel est votre pouvoir vis-à-vis de vos supérieurs hiérarchiques ?

- **Question 3 :** Quelle différence faites-vous entre la notion de pouvoir et d'autorité ?

- **Question 4 :** Comment s'expriment les rapports de pouvoir au sein de votre organisation ?

- **Question 5** : Quel est le style de management des dirigeants dans votre organisation ?

Chapitre 7

Réintroduire l'émotionnel

> « C'est la raison qui fait l'homme,
> mais c'est l'émotion qui le conduit. »
>
> ROUSSEAU

Motiver c'est avant tout émouvoir et transmettre une émotion. Dans « l'échelle de Richter » de la motivation, l'émotion joue un rôle clé et constitue un élément essentiel pour préserver la dynamique motivationnelle. Éthymologiquement les termes de motivation et d'émotion[1] sont intimement liés, toutefois l'association de ces deux notions reste encore largement une « terra incognita ».

Réintroduire le paramètre affectif au sein des organisations constitue aujourd'hui un véritable défi. Si l'émotionnel est omniprésent, l'évocation de la dimension affective reste

---

1.   Du latin « movere » : se mouvoir et s'émouvoir.

encore le plus souvent un sujet tabou. Le rationalisme ambiant occulte le rôle et la place des émotions, en oubliant qu'il n'y a pas d'engagement ou de décision véritable sans impact émotionnel.

Donner sa place à l'expression des émotions

L'individu a besoin de vivre des émotions collectives pour libérer son énergie. Comme le souligne le neurologue Antonio Damasio[1], la capacité d'exprimer et de ressentir des émotions est indispensable à la mise en œuvre de comportements rationnels. *L'adhésion effective* à un groupe passe nécessairement par *l'adhésion affective à ce groupe et le partage des émotions.*

L'étude de la motivation conduit à s'interroger sur l'expression, la reconnaissance et la maîtrise des émotions.

Le dirigeant doit prendre conscience qu'il est en charge de la subjectivité de l'organisation et que par son attitude, il engendre des émotions. Même s'il se confine fréquemment dans un statut « d'handicapé émotionnel » plus ou moins insensible, il est un producteur d'émotions.

---

1. Antonio Damasio, chef du département de neurologie de l'Université de l'Iowa aux États-Unis. Auteur de *L'erreur de Descartes*, 1994, Édition Odile Jacob.

En effet, une des fonctions premières de tout dirigeant est à la fois, d'importer l'angoisse de l'organisation, c'est-à-dire de lutter contre le stress et la charge psychologique du travail et d'exporter de l'énergie, en produisant un contexte motivant (voir page suivante).

Pour favoriser la dynamique relationnelle, le dirigeant peut avoir recours à différentes approches comme le renforcement du sentiment de reconnaissance et d'appartenance, le partage social des émotions ou la gestion des situations de stress.

Le système émotionnel - motivationnel

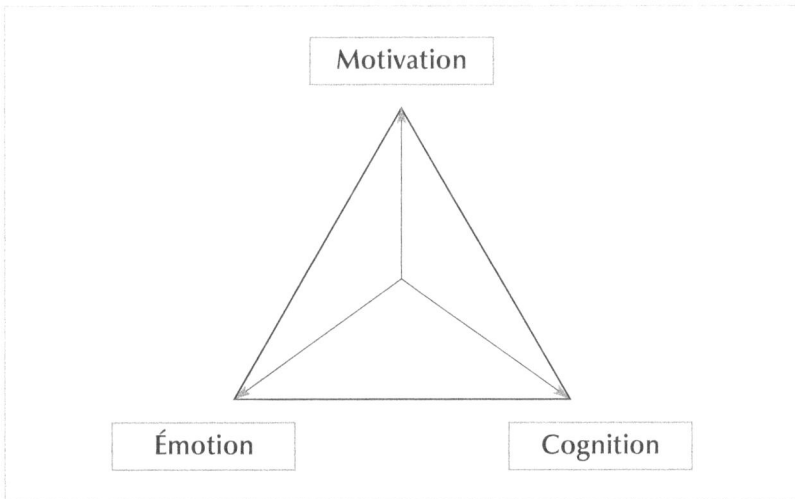

Répondre au besoin de respect et de considération

> « Tant de mains pour transformer le monde et si peu de regards pour le contempler. » Julien GRACQ

S'il est admis que l'argent, le pouvoir et l'amour gouvernent le monde, on oublie à quel point se cache, derrière la notion d'amour, une immense attente de reconnaissance, de respect et de compréhension.

La motivation professionnelle est avant tout une forme d'investissement affectif. Chaque individu est un être social intégré dans un réseau tissé de relations complexes, qui se définit par rapport aux autres membres du groupe. Chacun a besoin de respect, d'attention et de considération. Derrière chaque attitude ou chaque action se cache l'angoisse de la confrontation à l'autre, la peur d'être jugé, mais aussi l'espoir d'être apprécié et valorisé.

En réponse à ce besoin vital de reconnaissance et d'appartenance, le dirigeant doit faire comprendre à chacun qu'il est un membre essentiel de l'organisation et qu'il est digne d'attention. L'importance accordée à cet aspect des rapports humains se fonde sur le respect de la dignité des personnes, le feedback positif, le développement du sentiment d'utilité et de la visibilité de l'action individuelle.

Réaffirmer la nécessité du respect et de la dignité des personnes pour fonder la loyauté envers l'organisation

« Ce qui est digne ne s'achète pas » souligne le philosophe Paul RICŒUR. L'être humain, vit constamment à travers et par le regard des autres. Il peut accepter de perdre beaucoup de choses sauf une essentielle, sa dignité. Le rapport à autrui détermine son comportement. Être digne, c'est représenter quelque chose à l'égard de soi-même et des autres.

Aussi, la culture de l'organisation doit se fonder d'abord sur le respect dû à chaque personne. Dans ce domaine, les émotions liées à l'attitude du groupe sont déterminantes et il importe de ne tolérer aucune intolérance, humiliation, insinuation ou préjugé.

Même si chaque organisation connaît les rumeurs, les boucs émissaires, les personnes exclues ou marginalisées, le respect de la personne humaine doit être mis au centre de la culture de l'organisation et régulièrement réaffirmé.

Il convient d'entretenir dans la conscience collective l'idée que les comportements individuels ou collectifs portant atteinte à la dignité sont inacceptables. De même, certaines attitudes de critique systématique, de dénigrement, de menace ou de dévalorisation des personnes sont hautement condamnables. Elles constituent un facteur de démotivation directement pour les intéressés, mais aussi indirectement pour les autres membres de l'organisation qui s'identifient souvent plus ou moins consciemment à la victime.

Il appartient au dirigeant et aux personnes en situation d'autorité de rappeler périodiquement les règles et de veiller à la préservation d'un état d'esprit fondé à la fois sur le respect des personnes et la loyauté vis-à-vis de l'organisation.

Le respect implique la reconnaissance des personnes, des fonctions et des responsabilités quelque soit le niveau d'exercice. En retour, un effet de réciprocité est attendu, la reconnaissance de l'individu par l'organisation favorise le respect de l'organisation par l'individu. Chaque fois qu'une relation de respect et de dignité peut être établie, elle contribue à créer un contexte propice à la motivation.

Motivation et estime de soi

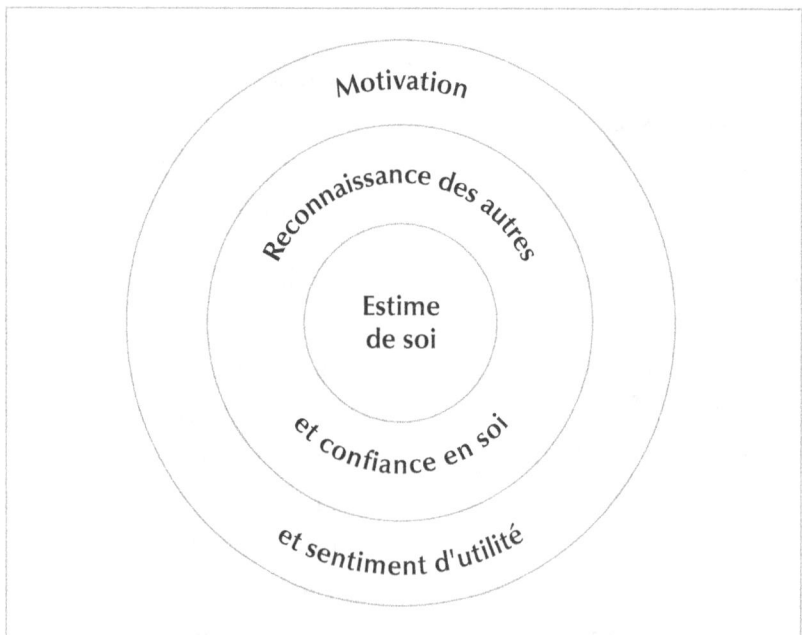

Motivation

Reconnaissance des autres

Estime de soi

et confiance en soi

et sentiment d'utilité

> Le respect de la personne humaine doit être mis au cœur
> de la culture de l'organisation et régulièrement réaffirmé.
> La reconnaissance de l'individu par l'organisation favorise
> le respect de l'organisation par l'individu.

Développer la reconnaissance et l'estime de soi par un feed-back positif

L'estime de soi, le désir de se sentir pleinement exister est au cœur de la motivation. Chaque personne a besoin en permanence d'être renvoyé à une image positive d'elle-même et recherche la valorisation de cette image, le sentiment de son importance et l'expression de sa réussite.

Aussi le premier pas de tout processus de motivation consiste d'abord à restaurer l'estime de soi. Or celle-ci se nourrit avant tout de l'estime et de la reconnaissance des autres.

Le dirigeant doit être capable de développer un *feed-back* positif, de valoriser le rôle et la place de chacun. Ce *feed-back*, qu'il soit constructif ou correctif, verbal ou écrit, concerne la nature de l'action appréciée, les qualités personnelles et professionnelles constatées, la signification et l'importance donnée par l'organisation à l'activité réalisée. La reconnaissance de la qualité du service rendu, le respect des règles, ou le jugement esthétique sur le travail accompli, concourent au renforcement de l'estime de soi et de l'identité personnelle.

Trop souvent les dirigeants négligent de reconnaître les réalisations et les succès de leurs collaborateurs et considèrent leurs résultats comme naturels. Pour la majorité des individus, l'hommage et la reconnaissance sociale constituent une priorité souvent supérieure à une reconnaissance financière.

Dans un environnement instable où le lien social est distendu, la reconnaissance positive et le développement de l'estime de soi, constituent un facteur déterminant de motivation.

« *Nous avons tous le désir d'accomplir quelque chose de difficile qui force notre propre admiration.* » Gérard D'Aboville

L'estime de soi dans la pyramide de la motivation

Besoins personnels	**Réalisation de soi** : besoin de créer, de construire, de laisser une trace de son action
	Estime de soi : construction d'une image positive à ses propres yeux
Besoins sociaux	Estime des autres
	Besoin d'appartenance
Besoins économiques	Sécurité
	Besoins physiologiques

Le paradoxe de la « prime canicule »

Au sein des établissements publics de santé, où l'engagement des personnels est potentiellement fort, les phénomènes de démotivation sont souvent davantage liés à un déficit de reconnaissance sociale et institutionnelle, qu'à une surcharge physique ou cognitive d'activité. Cette attitude est l'expression légitime d'un besoin de reconnaissance identitaire et de responsabilisation des acteurs au plus près de leur exercice professionnel. Cette attente déçue a conduit, au mois d'août 2003, certains personnels hospitaliers, médecins urgentistes ou infirmières, à refuser la prime exceptionnelle qui leur était allouée par le ministre de la santé en réponse à la suractivité médicale et soignante liée à la canicule. Cette tragédie sanitaire a fait officiellement 14 802 morts, pendant la période du 1ᵉʳ au 20 août 2003. Le déficit de reconnaissance sociale à l'égard des professionnels de santé qui ont fait face à cette situation dramatique avec courage et disponibilité a constitué un facteur d'incompréhension et de démotivation supplémentaire pour les équipes hospitalières.

Promouvoir le sentiment d'utilité et lutter contre la victimisation

En règle générale, les individus aspirent davantage à des reconnaissances socio-symboliques ou morales, qu'à des reconnaissances financières en particulier à partir d'un certain niveau de revenu. Les unes n'excluant pas les autres bien entendu. Le besoin de se sentir utile et entendu est intimement lié au besoin de reconnaissance. Ce que chacun attend des autres est la reconnaissance de son identité et de sa valeur. À cet égard, la reconnaissance de l'utilité de l'action menée par ceux qui sont hiérarchiquement supérieurs ou par des pairs est essentielle.

Toutefois, cette reconnaissance n'a de sens que si elle permet de valoriser l'utilité et la plus-value apportée par chaque individu à l'organisation. Promouvoir la visibilité de l'action implique également l'acceptation d'une remise en cause et d'une évaluation. En effet, seule l'analyse critique de l'activité permet à l'organisation de progresser et d'améliorer son efficacité. Dans la pratique, l'évocation des difficultés rencontrées est généralement mal supportée par les intéressés et présente un risque réel de démotivation et de victimisation. Les critiques prennent souvent la forme d'attaques personnelles et non de problématiques à résoudre. La confusion entre les personnes et les fonctions exercées, poussent les intéressés à la défensive, à l'inhibition et à la résistance au changement. Ces critiques génèrent en outre, un sentiment d'incohérence et d'injustice, en particulier en ce qui concerne les moyens accordés pour parvenir aux résultats attendus. Les attaques personnelles fondent l'hostilité, favorisent la division des équipes et contribuent à la dégradation du climat de travail. Cette dynamique négative constitue un véritable fléau, déstructure les relations de travail et détruit la confiance dans les projets collectifs.

Pour préserver un contexte motivant, il convient de faire admettre l'idée que la critique n'a de valeur que si elle porte en elle les germes d'une évolution. Accepter et dédramatiser les échecs, fait évoluer davantage que les réussites. Éviter les généralisations intempestives, relativiser les certitudes et les évidences, refuser la victimisation et l'auto-dépréciation, contribuent à développer une culture de l'intérêt général et de la réussite collective. Créer un contexte professionnel motivant, c'est développer le sentiment de l'utilité et de la reconnaissance de l'action menée, tout en l'intégrant dans une démarche d'évaluation et de valorisation.

> L'être humain a besoin d'être utile, le rendre utile c'est lui rendre sa dignité.

Respecter les rites de reconnaissance et les formes de gratification

Les rites renforcent le sentiment d'appartenance

Les émotions relatives à la reconnaissance et l'appartenance à un groupe sont vitales et influencent le mode de vie de l'organisation. Dans toutes les sociétés humaines, les moments importants de la vie des individus sont célébrés : naissance, mariage, anniversaire, décès…Les rites jettent un pont entre le présent et le passé, ils établissent une continuité. Ce sont des activités organisées et codifiées ayant une fonction d'identification et de communication indispensable à la vie sociale.

De même, la célébration des évènements professionnels : recrutement, promotion, succès, départ... rythment la vie de l'organisation et renforcent le sentiment de reconnaissance et d'appartenance de ses membres. Selon le cas, les rites d'initiation, d'intégration, de promotion ou de rupture sont plus ou moins formalisés : « pot d'accueil ou de départ », cérémonies de vœux ou de remise de médailles, séminaires d'appropriation, de team-building ou actions de formation.

Le dirigeant doit avoir conscience que les besoins de reconnaissance et de gratification, ainsi que la recherche de signes emblématiques sont permanents. L'éloge et la reconnaissance des mérites renforcent à la fois le sentiment d'importance de chaque individu pour l'organisation et la confiance en lui-même. Outre, l'importance des rites de succès ou de rupture, les récompenses socio-symboliques de prestige ou d'estime sont importantes. La mémoire émotionnelle joue un rôle important dans le processus d'adaptation et d'évolution professionnelle.

Les émotions de base de tout être humain se retrouvent naturellement au sein de la vie des organisations. Quel que soit le type d'émotion, on constate le phénomène de « l'éprouvé commun », c'est-à-dire de la propension à évoquer et partager collectivement les émotions. La verbalisation des émotions, qu'elles soient positives ou négatives, a un effet de distanciation et permet de donner du sens au ressenti.

On a longtemps considéré que les émotions n'avaient pas de place dans un environnement professionnel, aujourd'hui les organisations performantes sont celles qui savent capitaliser sur l'émotion et affirmer sans complexe leurs valeurs de référence.

Le « syndrome Bob HAYES »

La force de la reconnaissance sociale

En 1964, aux Jeux olympiques de Tokyo, Bob HAYES est le premier homme à courir le 100 m en moins de 10 secondes. Surnommé « bullet Bob », il exprime un style vengeur de noir américain voulant échapper au ghetto, à la misère et au racisme. Né en Floride en 1942, il ne brille pas par ses résultats scolaires, il est même arrêté pour des vols à l'étalage. Il s'en sort grâce au football américain, un entraîneur le remarque et l'inscrit dans une compétition d'athlétisme. Bob HAYES accumule dès lors une extraordinaire série de victoires consécutives grâce à son prodigieux pouvoir d'accélération qui lui permet littéralement de clouer ses adversaires sur place.

En octobre 1964 aux Jeux olympiques de Tokyo, Bob HAYES réalise une course historique, il couvre le 100 mètres en 9,8 secondes et laisse ses adversaires à plus de deux mètres. C'est la première fois qu'un athlète descend sous les 10 secondes. Cette performance est aujourd'hui encore considérée comme l'une des plus impressionnantes de l'histoire olympique. Or, Bob HAYES fut victime de la technologie et du modernisme. Son record attesté par le chronométrage manuel, ne fut pas homologué par le chrono-métrage électronique, utilisé pour la première fois au Japon. Son temps est arrondi à 10 secondes et ne fait qu'égaler le record mondial de l'époque. En réalité celui-ci est largement battu, comme le confirment les chronomètres manuels des officiels gardés secrets à l'époque et non pris en compte. Bob HAYES perd ainsi l'occasion de devenir officiellement le premier homme à descendre sous les 10 secondes au 100 m.

Commence alors pour Bob HAYES une lente descente aux enfers. Athlète de haut niveau et champion de légende, il quitte l'athlétisme prématurément. La non reconnaissance de son exploit le transforme rapidement en héros déchu.

Pour soigner sa dépression, il a recours à l'alcool, puis à la drogue. En 1979, il est arrêté pour avoir participé à un trafic de cocaïne. HAYES plaide coupable et se retrouve plusieurs mois derrière les barreaux, avant d'être libéré en 1980.

Du podium olympique aux portes d'un pénitencier texan, la déchéance est totale.

Bob HAYES *devra attendre l'âge de 50 ans et une désintoxication pour retrouver sa vitalité, retourner à l'université, où il suit une formation de maître d'école. Il s'implique alors dans de nombreux programmes d'aide à la jeunesse et de prévention de la délinquance. Tirant les enseignements de sa vie, il publie un livre intitulé « l'ascension, la chute et la rédemption » retraçant les vicissitudes de son parcours « d'athlète de l'intérieur ». Ses excès au cours de ses années de dépression ont eu d'importantes répercussions sur son état de santé. Il est victime d'une attaque et décède le 18 septembre 2002.*

Le *« syndrome Bob HAYES » démontre à quel point la reconnaissance sociale constitue un des plus puissants facteurs de motivation capable de générer grandeur et décadence.*

Favoriser la liberté d'expression et le partage social des émotions

D'abord ne pas démotiver

En réalité, c'est quand la motivation fait défaut qu'elle intéresse les dirigeants. Or pour motiver, la première règle consiste d'abord à ne pas démotiver. La démotivation est un phénomène hautement contagieux, aussi avant de chercher à développer le niveau de motivation d'une organisation, il est essentiel de s'interroger d'abord sur les conditions permettant d'éviter le découragement du personnel et de lutter contre le « syndrome d'Aral » d'assèchement de la motivation.

Cette démarche conduit à réfléchir sur le fonctionnement interne, la qualité de vie au travail, le niveau d'expression et de verbalisation des problèmes. Selon sa nature, l'émotion peut générer l'enthousiasme et la disponibilité ou au contraire l'anxiété et l'apathie. En tout état de cause, il est nécessaire de faire une distinction entre les comportements de démotivation et l'absence de motivation (voir encadré page suivante).

Veiller à l'effet de contagion des émotions

Consciemment ou non, chaque individu déclenche des états émotionnels chez les autres et inversement est influencé par son entourage. Au sein d'un groupe, la personne qui exprime le plus ses émotions transmet son humeur aux autres et l'effet de contagion est immédiat.

Les facteurs émotionnels jouent un rôle clé. La difficulté réside dans la capacité à gérer les émotions des autres. Le climat émotionnel au sein d'une organisation est hautement contagieux. Les émotions retentissent et influencent la manière d'être et d'agir du groupe bien au-delà du moment où elles surviennent. Dans l'environnement professionnel, l'effet de contagion des émotions constitue selon les circonstances une source de motivation ou de démotivation.

Le « syndrome d'Aral »

L'assèchement de la motivation

La mer d'Aral, située entre le Kazakhstan et l'Ouzbékistan, disparaît progressivement depuis 20 ans. Sous les yeux d'une seule génération, les rives se sont retirées d'environ 80 km et la surface s'est réduite de moitié, conduisant à la disparition de l'un des grands réservoirs d'eau de la planète. Les fonds asséchés se sont rapidement dégradés et la minéralisation s'est trouvée doublée, laissant place à une désertification. Ce phénomène exceptionnel résulte de l'accroissement de la consommation d'eau des grandes agglomérations et surtout de la pollution par les sites industriels. L'assèchement de la mer d'Aral, génère une situation écologique particulièrement alarmante. À l'image de la mer d'Aral, l'assèchement de la motivation constitue une catastrophe écologique majeure pour toute organisation, et un gâchis humain affectant la qualité et l'environnement du travail. Le « syndrome d'Aral » exprime l'impact majeur des phénomènes liés à la démotivation sur le fonctionnement des organisations.

Dans un sondage IFOP[1] 83 % des salariés français considéraient que la bonne ambiance au travail est un critère « très important » bien avant « l'intérêt » pour la tâche à

---

1.   Sondage IFOP réalisé en janvier 2001.

accomplir. La bonne ambiance de travail résulte de la nature des relations vécues au sein de l'organisation et de la charge émotionnelle et affective ressentie par chacun. Cette ambiance est en partie liée à la manière dont chaque personne est autorisée à exprimer ses émotions. Le développement de l'assertivité et de l'empathie constitue une forme de réponse permettant d'améliorer l'ambiance de travail et de développer une convivialité professionnelle.

Développer l'assertivité

« Les gens aiment être ce qu'ils sont. » Aldous Huxley

L'assertivité est l'expression libre des émotions. Cette démarche, décrite par le psychiatre américain Joseph Wolpe, vise à refuser à la fois une attitude passive d'inhibition ou une attitude dominatrice de recherche de pouvoir et de rapport de force. L'assertivité[1] correspond à la capacité d'exprimer ses émotions tout en les contrôlant, afin de pouvoir dire tout ce que l'on a à dire, mais sans agressivité, ni tension. Exprimer ce que l'on ressent permet de mieux communiquer avec les autres. L'assertivité est la démarche la plus propice au développement de la motivation, elle se fonde sur l'idée qu'il faut être authentique pour être efficace et fonder une relation sociale de qualité.

---

1. Traduit de l'américain « assertiveness » : expression, reconnaissance et contrôle des émotions.

Les différents types d'attitudes émotionnelles[1]

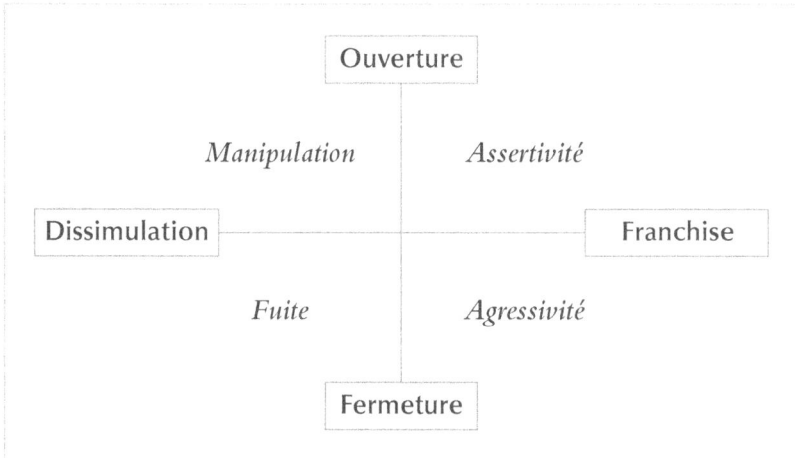

```
                        Ouverture

            Manipulation        Assertivité

  Dissimulation ─────────────────── Franchise

                Fuite          Agressivité

                        Fermeture
```

Une démarche assertive permet d'adopter une prise de position en accord avec ses propres valeurs et la défense de ses convictions. La situation idéale est l'action en accord avec ses valeurs personnelles et la possibilité d'exprimer librement les émotions liées à cette action. Face à un contexte difficile, l'attitude assertive postule le droit au refus d'une demande ou l'échec d'une démarche, à la condition qu'elle soit engagée dans un contexte de franchise et de respect de l'interlocuteur. Être capable de formuler une demande et d'accepter un refus, de négocier sans agressivité ou de recevoir une réponse négative, sont les bases du comportement assertif. Le comportement assertif s'oppose totalement aux attitudes d'agression, de

---

1. Eric SCHULER : *L'assertivité*, Éditions Morisset, 1996.

manipulation ou de soumission. C'est l'attitude relationnelle la plus satisfaisante et la plus efficace en terme de motivation.

Les différentes formes d'attitudes

Attitude assertive	Attitude non assertive
Affirmation de soi, dans le respect des autres	Soumission, passivité, fuite ou victimisation
– Considérer chaque membre de l'organisation comme important, – Affirmer le respect des personnes, refuser toute dévalorisation, – Accepter l'expression des émotions, – Favoriser le développement personnel, – Inciter l'expression des critiques constructives et des demandes claires, – Droit de reconnaître ses talents ou ses erreurs.	– Agressivité, violence verbale, pression psychologique, – Manipulation, méfiance ou tension.

Chacun sous des formes différentes, recherche des signes positifs de reconnaissance de sa compétence, de son activité ou de son savoir-faire. L'éloge ou l'expression d'un compliment a un effet positif pour le destinataire qui se sent valorisé et apprécié, mais aussi pour l'émetteur qui s'acquitte ainsi d'une dette. S'il s'agit d'un reproche, il est fondamental de distinguer les faits ou les actes professionnels critiqués, de la personne qui, elle, doit être respectée.

L'assertivité vise à renforcer l'équilibre personnel et la concentration sur l'effort, afin de réagir de façon spontanée aux évènements. Cette attitude relationnelle est la plus satisfaisante et la plus efficace en terme de motivation. L'expression de ses propres valeurs permet d'agir dans le respect de soi-même et constitue un renforcement de la motivation initiale.

Favoriser l'écoute et l'empathie

En matière de motivation l'écoute et surtout l'empathie, c'est-à-dire la capacité de se mettre à la place des autres et à percevoir leurs émotions, jouent un rôle déterminant. Le neuropsychiatre Boris CYRULNIK[1] définit l'empathie par opposition à la sympathie, considérant que la sympathie nécessite une contagion émotive échangée entre deux individus, alors que l'empathie exige une représentation partagée entre deux personnes. En tout état de cause, percevoir l'émotion ressentie par un interlocuteur permet de favoriser la compréhension de ses attitudes et avant tout à veiller à de ne pas le démotiver. L'émotion influence les comportements et peut générer sous des formes diverses la résistance, l'agressivité, la passivité ou l'évitement. Ainsi le plus souvent, l'inquiétude des membres d'une organisation

---

1. Boris CYRULNIK, neuropsychiatre et chercheur en éthologie clinique au Centre Hospitalier de Toulon.

face aux évolutions ou à l'accélération des changements relève davantage d'éléments émotionnels que d'éléments rationnels. Développer un contexte relationnel fondé sur l'écoute et l'empathie permet d'améliorer la qualité des relations. Le dirigeant doit être capable d'identifier les émotions chez les autres et d'exprimer lui-même ses propres émotions, tout en cherchant à créer un contexte favorable à l'expression et au partage des émotions collectives.

> La promotion des comportements qui facilitent l'expression et la reconnaissance des émotions contribue au renforcement de la motivation.

La lutte contre les effets pathogènes du stress et de l'usure mentale

Source de revenu et de reconnaissance, le travail devient aussi parfois une source de souffrance. Le stress professionnel,[1] à distinguer de l'anxiété phénomène émotionnel fréquent, constitue un des effets pathogènes majeurs affectant les personnes au travail. Le niveau de stress ambiant constitue un élément du contexte motivationnel.

Face à une situation à risque, le stress négatif mobilise toute l'énergie de l'organisme et inhibe provisoirement le comportement. Lorsque le stress devient chronique, il

---

1. *Le stress*, docteurs Christophe ANDRE, Francois LELORD et Patrick LEGERON, Éditions Privat, 1998.

consomme une énergie qui est dépensée en pure perte. Les symptômes[1] sont variés et susceptibles d'affecter la santé en suscitant des réactions affectives (troubles de l'humeur, perte d'intérêt…) comportementales (agressivité, rigidité, apathie, inhibition…) ou physiologiques (troubles du sommeil, de l'appétit, affections cardio-vasculaires…). L'alerte, la résistance et l'épuisement sont les trois phases de réactions liées au stress, décrites par Hans SELYE.

Outre les efforts pour préserver un climat de travail de qualité, il convient de lutter également contre l'usure mentale et le surmenage liés à la nature de l'activité professionnelle. Ceux-ci peuvent résulter de l'obsession de ne pas être à la hauteur, de la crainte de l'incompétence, de l'absence de reconnaissance ou de la précarisation de l'emploi. L'usure mentale est issue d'une interaction entre un individu et une exigence de l'environnement. Le phénomène déclencheur résulte de l'interprétation subjective d'une situation, de l'évaluation de l'enjeu, du risque et des conséquences pour l'avenir.

L'usure mentale et le stress émotionnel peuvent également provenir d'une hyperactivité. Des troubles émotionnels et somatiques surviennent quand l'appareil psychique est débordé par un trop-plein d'énergie. Pour développer la capacité de réaction et de résistance globale au stress, le rôle du médecin du travail est déterminant. Faute de pouvoir réduire les facteurs d'agression extérieure, il est nécessaire de développer des temps de récupération psychique

---

1. Benjamen STORA : *Quand le corps prend la relève*, Odile Jacob,

et physique. La complexité du phénomène résulte du fait qu'il est possible de le gérer, mais qu'il ne se soigne pas, sauf à être en mesure d'agir sur l'objet même du trouble. La motivation peut être un antidote au stress et à l'usure mentale, si elle tend à améliorer l'équilibre individuel et à donner du plaisir au travail.

Enquête de l'institut Ifop sur « le plaisir au travail »

Véritable baromètre du moral des salariés français, l'enquête de l'institut Ifop sur le climat interne de l'entreprise réalisée en avril 2004, montre que pour 68 % des salariés français, travailler c'est d'abord un moyen de gagner sa vie, bien avant d'être un moyen de se réaliser. Le contentement ou le mécontentement des 871 salariés interrogés diverge selon leur identité, leur classe sociale ou le type d'entreprise où ils travaillent.

Pour vous le travail c'est d'abord :	
Un moyen de gagner sa vie	68 %
Un moyen de se réaliser	15 %
Un plaisir	9 %
Une obligation	8 %

Les salariés français considèrent avant tout (68 %) que le travail est un moyen de gagner leur vie. Pour certains (8 %), le travail fait tout simplement figure d'obligation. Aux côtés de ces deux populations, seulement 15 % des salariés français estiment que le travail est un moyen de se réaliser et 9 % qu'il apporte du « plaisir ». On note malgré tout que 24 % des salariés français avouent prendre, de temps en temps, du plaisir en travaillant. Dans le même temps, 39 % se sentent obligés d'aller travailler.

Part des travailleurs estimant prendre du plaisir au plan professionnel	
Selon le statut	
Agriculteurs, artisants, commerçants	25 %
Cadres supérieurs	19 %
Salariés de l'enseignement supérieur	14 %
Ouvriers	2 %
Selon le sexe	
Femmes	11 %
Hommes	8 %
Selon l'entreprise	
Entreprises de 6 à 9 salariés	24 %
Entreprises de 50 à 249 salariés	4 %
Entreprises appartenant à une filiale	4 %

Les agriculteurs, les artisans et commerçants sont d'après l'enquête Ifop, les travailleurs les plus heureux. 25 % d'entre eux travaillent d'abord par plaisir. Suivent les cadres supérieurs (19 %) et le personnel de l'enseignement supérieur (14 %). L'indépendance et l'autonomie semblent être les deux facteurs essentiels garantissant le plaisir professionnel.

Ce plaisir varie également selon le sexe, la localisation géographique et la nature de l'entreprise. Les femmes s'avouent ainsi globalement plus heureuses dans leur travail que les hommes (11 % contre 8 %).

Intégrer l'aspiration à la trace

De Stonehenge et Carnac au néolithique, aux pyramides de Guizeh 2000 ans avant notre ère, des cathédrales aux temples d'Angkor il y a une dizaine de siècle, les traces du génie humain témoignent de l'effort des Hommes pour laisser une trace de leur passage. La dimension temporelle est intimement liée à la dynamique de la motivation. Le défi au temps et à sa condition constitue une motivation profonde et souvent inconsciente. L'être humain par ses efforts s'unit à la fois aux efforts des autres vivants et à ceux des générations passées. Il est le chaînon d'un processus évolutif. Chaque individu a besoin de laisser un héritage, de savoir que ce qu'il a accompli est important pour ceux qui lui survivront. Locataire de l'éphémère, il porte en lui une aspiration à l'éternité et une illusion d'immortalité. Tout au long de sa vie, il trace un sillon avec l'espoir de laisser une empreinte terrestre de son passage susceptible de perpétuer sa mémoire.

Le « concept de trace » se décline différemment pour chaque personne, toutefois prédomine l'aspiration à laisser une marque de son passage, un héritage pour les générations à venir. Cette motivation fonde plus ou moins consciemment un grand nombre de comportements. Le « concept de trace » s'exprime sous des formes diverses, au travers de la réalisation de constructions physiques ou intellectuelles, ou encore de l'empreinte génétique ADN[1]

---

1. Dorothy NELKIN, Susan LINDEE : *La mystique de l'ADN*, Belin/Débats, 1998.

expression ultime de la trace humaine et de la perpétuation de l'espèce. Si le plus souvent, chacun trace son sillon sans se préoccuper de celui des autres, au sein des organisations l'action ne peut se conjuguer au singulier, la capacité à participer à un projet conduit nécessairement à dépasser la démarche individuelle et à faire émerger une dynamique collective. Dans cette perspective, le dirigeant doit proposer une réponse à cette aspiration individuelle et formuler un projet porteur de sens et d'essence. À la quête de la trace doivent répondre des engagements et des implications fortes, des ambitions utiles et des actions porteuses de sens.

Entre le sentiment de l'éphémère et l'illusion d'éternité, il convient de prendre conscience que la quête de la trace constitue un important facteur humain de motivation.

> L'être humain a un besoin vital de laisser une trace, de savoir que ce qu'il a accompli est important pour ceux qui lui survivrons.

Questionnaire d'auto-évaluation

- **Question 1 :** L'organisation dans laquelle vous travaillez exprime-t-elle du respect et de la considération envers ses membres ?

- **Question 2 :** Des rites de reconnaissance sociale sont-ils organisés au sein de votre organisation ?

- **Question 3 :** Une place particulière est-elle réservée à l'expression et au partage des émotions ?

- **Question 4 :** Êtes-vous capable de réagir face à un comportement qui porte atteinte au respect ou à la considération d'autrui ?

- **Question 5 :** Avez-vous le sentiment d'être utile et de laisser une « trace » de votre passage au sein de l'organisation ?

Chapitre 8

Renforcer le sentiment d'équité et de sécurité

« Le fonctionnement satisfaisant d'une organisation
ne peut se passer de la clarté et de l'équité des normes. »

Jean-François CLAUDE[1]

Parmi les voies secrètes du management de la motivation, le renforcement du sentiment d'équité et de sécurité joue un rôle majeur. En effet, le sentiment d'inéquité ou d'insécurité occupe une place à part dans la mémoire personnelle. Chacun se souvient, en effet, des injustices ou des différences de traitement dont il a été victime, ainsi que de l'incertitude ou de la précarité des situations qu'il a

---

1. Jean-François CLAUDE : *L'Éthique au service du management*, Éditions Liaisons, 1998.

eu à subir. L'objectif de ce chapitre est d'analyser comment lutter contre ces ressentiments et renforcer les facteurs de motivation.

L'équité équilibre le ratio contribution/rétribution

« L'égalité consiste à couper tous les épis qui dépassent des autres » affirmait le tyran Pisitrate, en s'emparant du pouvoir à Athènes, en −561 av. J.-C. L'équité est une notion différente, c'est une aspiration égalitaire face à une réalité hétérogène. Elle conduit à la recherche, plus ou moins consciente, d'une règle d'application générale pour résoudre les problèmes individuels et lutter contre l'arbitraire. Dans toute organisation, chacun s'inscrit dans un processus de comparaison sociale et estime légitime de rechercher une compensation équitable à ses efforts personnels. Ce processus général de lutte contre l'inéquité concerne les relations marchandes et non marchandes. En matière de management, la recherche de l'équité comme source de motivation se fonde sur trois principes : « le principe de la sincérité » qui exclut toute tentation de manipulation, « le principe de la transparence » qui prône le contrat clair et « le principe de la permanence des méthodes » qui garantit le respect de la règle du jeu dans la durée.

L'apport de la théorie de l'équité d'ADAMS

Différents théoriciens ont tenté d'analyser la notion d'équité. La théorie de la dissonance cognitive de FESTINGER a inspiré la théorie d'ADAMS élaborée en 1963.[1] Pour ADAMS, il y a perception d'une injustice chaque fois qu'il existe une inégalité entre le ratio personnel compensation-rétribution d'un individu et le ratio des autres. La compensation correspond à l'aspect financier, l'intéressement, le statut, la reconnaissance, l'intérêt intrinsèque du travail. La contribution est le travail fourni, ainsi que le niveau de formation et de qualification. « Le sentiment d'inéquité » est source de tension et de rééquilibrage du ratio contribution-rétribution. Il détermine une logique de proportionnalité entre effort et récompense. Le besoin d'équité pousse les individus à rechercher un certain équilibre, une harmonie en modifiant leurs comportements. Chaque membre de l'organisation se compare aux autres et tout déséquilibre non justifié entraîne une action de réajustement.

Pour ADAMS, les individus ont besoin de se sentir traités de façon juste et impartiale par rapport aux autres, dans leur relation d'échange avec l'organisation. La théorie de l'équité développée par ADAMS, a eu un écho important en matière de psychologie du travail. Elle permet de comprendre le processus de comparaison sociale au sein des organisations. Pour ADAMS, le sentiment d'équité est un aspect fondamental de la relation entre l'individu et son

---

1. J.S ADAMS : *Inequity in social exchange*, New York academic press, 1965.

organisation. L'être humain a besoin de se sentir traité de façon juste et impartiale. Toute injustice entraîne une action pour rétablir l'équilibre. Le modèle théorique d'Adams met en évidence l'impact du sentiment d'équité sur la motivation. La théorie de l'équité repose sur le principe que dans toute relation d'échange, l'individu cherche à établir une relation entre ce qu'il apporte et ce qu'il reçoit. « Le sentiment d'inéquité » crée une tension, dont l'intensité est proportionnelle à l'importance de l'inéquité ressentie. La volonté de réduire cette inéquité affecte inévitablement la motivation.

Pour ADAMS, il existe une similitude entre le processus d'échange dans le cadre des relations sociales entre les individus et les relations marchandes dans le cadre des transactions du marché. Les différentes stratégies de réduction de l'inéquité varient selon les circonstances. L'individu peut être tenté d'accroître son effort, s'il est inférieur aux avantages accordés ou au travail des autres, de réduire son effort, s'il est supérieur aux avantages reçus ou au travail des autres, de chercher à augmenter ses avantages, s'ils sont inférieurs aux efforts qu'il fournit et à ceux des autres. Il peut aussi chercher à réduire ses avantages s'ils sont supérieurs à ceux des autres et à son propre apport. Enfin, si le sentiment d'inéquité est trop fort, il peut choisir de quitter son activité en démissionnant.

Il y a perception d'une inéquité chaque fois qu'il existe un sentiment d'injustice ou d'inégalité entre le ratio compensation/rétribution d'un individu et le ratio des autres.

La notion « d'inéquité ressentie » : un processus de comparaison sociale déterminant

Toute relation d'échange s'inscrit dans un processus de comparaison sociale. Le sentiment d'inéquité déclenche un comportement visant à rétablir l'équilibre par une variation de l'activité ou une modification du niveau de motivation. La perception du sentiment d'équité ou d'inéquité résulte d'une interprétation subjective du mode de traitement d'une personne, par rapport à d'autres dans la même situation. Cette comparaison génère une réaction de compensation déclenchant une démotivation ou une sur-motivation. L'équité de traitement de personnes exerçant dans les mêmes conditions les mêmes fonctions est déterminante en matière de management de la motivation.

Différents niveaux de comparaison sociale peuvent être retenus pour fonder le sentiment d'inéquité : la comparaison avec les autres, la comparaison avec soi-même dans une situation antérieure, la prise en compte d'engagement explicite ou implicite de l'employeur.

Une injustice distributive suite à une décision, ne déclenche généralement que des réactions individuelles, en revanche une injustice procédurale relative à la perception non équitable des procédures est susceptible de déclencher des réactions collectives. La participation à la procédure de décision renforce le sentiment d'équité et réduit le risque de réaction négative. Il convient d'insister sur le caractère très subjectif du sentiment d'inéquité, ce qu'ADAMS appelle « l'équité ressentie ».

> Il ne suffit pas qu'une décision soit juste et équitable, il faut avant tout qu'elle soit perçue comme telle. Toute relation d'échange s'inscrit dans un processus de comparaison sociale qui affecte la motivation.

La recherche de l'équilibre dans le rapport contributions / rétributions

La recherche de l'équité constitue un facteur clé de motivation. Chaque membre d'une organisation recherche en permanence l'équilibre entre sa *contribution* et sa *rétribution*, c'est-à-dire entre ce qu'il apporte à l'organisation et ce qu'il reçoit en retour. Dans sa perception de l'équilibre, l'individu compare sa situation à celle des autres personnes membres de l'organisation, ou à celles qu'il a connu antérieurement.

Lorsqu'un sentiment de déséquilibre et d'inéquité est perçu, il donne lieu à un phénomène de réajustement et de compensation. Le sentiment d'inéquité peut se traduire soit par un désengagement, soit par un surinvestissement professionnel. L'individu réagit également selon la manière dont il est traité et considéré au plan personnel dans l'organisation. Plus il est considéré, plus il est disposé à tolérer une éventuelle inéquité. Le jugement qu'une personne formule sur la manière dont elle est considérée par son supérieur affecte inévitablement son degré de motivation.

Le « syndrome Massoud »

L'aspiration à un équilibre entre sécurité et équité

Assassiné tragiquement le 9 septembre 2001, deux jours avant l'attentat du World Trade Center à New York, le commandant Ahmad Shah Massoud était le héros de la résistance afghanne. Chef tadjik aux talents militaires et stratégiques reconnus, après avoir fait plier l'armée rouge, il avait organisé la résistance des Afghans face aux Talibans. Au milieu des trahisons, des extrémismes ethniques et religieux, de l'ingérence des pays étrangers, il a cherché à organiser une coalition nationale en refusant une solution unique au profit d'un seul groupe ethnique.

> Le commandant Massoud professait sa foi dans un Afghanistan démocratique, où l'égalité des hommes et des femmes serait respectée. Son combat était celui de l'unité et de la pérennité de son peuple. Dans un contexte d'incertitude extrême et de lutte pour la survie, il incarnait l'aspiration profonde à la sécurité et à l'équité. Il a payé de sa vie ce combat pour ses valeurs. « Le syndrome Massoud » traduit la recherche idéale d'un équilibre entre l'aspiration à la sécurité et à l'équité.

L'environnement incertain renforce le besoin de sécurité

Le besoin de sécurité s'inscrit dans une logique de recherche de pérennité de l'emploi

Comme pour le sentiment d'équité, le besoin de sécurité est déterminant. La motivation première de tout individu dans une organisation est d'abord sa propre sécurité. Si celle-ci n'est pas assurée, il est difficile d'envisager d'autres formes de motivation. Le « salaire de la peur » ou une incertitude trop forte pour l'avenir peuvent constituer des sources de démotivation. À l'exception de l'activité intérimaire, le besoin de sécurité s'inscrit dans une logique fondée sur l'aspiration à la pérennité de l'emploi. Chacun imagine en effet, l'avenir comme la continuation du présent. S'il est difficile de motiver dans un contexte de précarité professionnelle sans un minimum de perspectives de garantie d'emploi, il est tout aussi difficile de motiver dans un contexte d'accélération du changement. L'insécurité peut être autant liée à une situation de précarité d'emploi, qu'à une diminution de la tolérance à l'incertitude. La difficulté à appréhender la complexité et à composer avec le changement constitue une source fréquente de démotivation.

Soutenir l'aptitude à supporter un contexte d'incertitude

Dans le contexte actuel, aucun domaine d'activité, ni aucun métier n'est à l'abri de changements radicaux, de crises financières imprévisibles, de restructurations brutales ou de licenciements massifs. Qu'il s'agisse du secteur public ou privé, la sécurité de l'emploi n'est plus une garantie acquise. L'accélération brutale du changement et l'incertitude permanente constituent des facteurs profonds d'insécurité et génèrent une diminution de la tolérance à l'incertitude. Face à cet environnement, il est nécessaire de développer une aptitude à appréhender la complexité, une capacité à composer avec l'ambiguïté des situations et une stratégie spécifique pour affronter le changement. La survie dans un contexte incertain résulte à la fois d'une démarche d'ouverture, d'un apprentissage permanent, de la cohésion des équipes, d'une vision stratégique et de la préservation d'une dynamique personnelle. Le savoir et la compétence sont des éléments sécurisant, ils facilitent l'adaptation aux évolutions et une vision projetée de l'organisation.

Renforcer le sentiment de sécurité par la cohérence des actes

Le désir de cohérence constitue pour chaque individu un facteur essentiel de motivation. Notre société valorise et renforce la cohérence des actes. Une fois une décision prise, elle confirme le choix de l'action. La logique du comportement individuel conduit à la justification des actes antérieurs. Ainsi lorsqu'une personne prend une décision et adopte une position déterminée, elle a naturellement tendance à se comporter en cohérence avec cette prise de position initiale. Dès lors, le management de la motivation doit s'efforcer de développer la cohérence de l'action, en évitant toutefois le risque que la recherche de cohérence à tout prix ne conduise à des engagements successifs entraînant une persévérance dans l'erreur. La recherche de la cohérence interne constitue un facteur de réassurance et de sécurisation.

La motivation première de tout individu au sein d'une organisation est d'abord sa propre sécurité.

Questionnaire d'auto-évaluation

- **Question 1 :** Quelles sont les garanties d'emploi et les perspectives professionnelles proposées par votre organisation ?

- **Question 2 :** Le rapport entre votre contribution à l'organisation et votre rétribution vous semble-t-il équilibré ?

- **Question 3 :** Votre situation génère-t-elle un sentiment d'inéquité par rapport à celle des autres membres de l'organisation ?

- **Question 4 :** Les difficultés d'adaptation dans un contexte d'incertitude affectent-elles votre motivation ?

- **Question 5 :** L'accélération du changement est-il pour vous un facteur de motivation ou de démotivation ?

Partie 3

La performance, au cœur du cercle vertueux de la motivation

« J'ai pétri de la boue et j'en ai fait de l'or. »

BAUDELAIRE

Quel que soit le contexte, c'est avant tout la capacité à motiver les ressources humaines qui conditionne la performance. La recherche d'un rapport optimum entre l'organisation et les ressources disponibles conduit à agir sur les différents leviers de la motivation : le développement d'une vision partagée du futur, un niveau d'exigence élevé en lien avec les valeurs de référence, un rapport à l'autorité favorisant l'autonomie, la créativité et l'innovation, le renforcement des compétences centrées sur le métier, la démarche d'évaluation et la valorisation des performances, le développement personnel.

Le cercle vertueux de la motivation

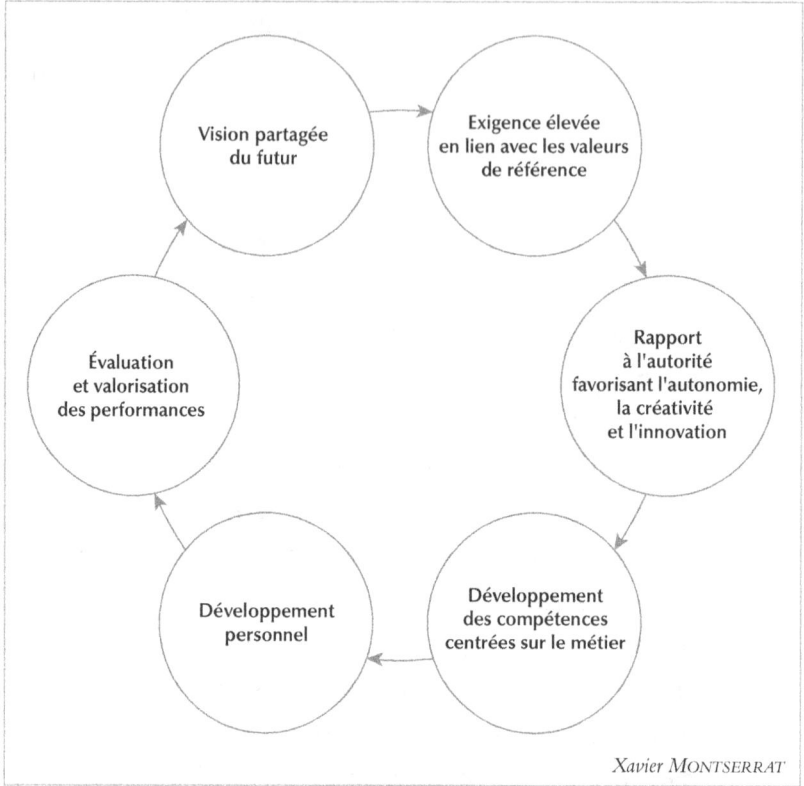

Vision partagée
du futur

Exigence élevée
en lien avec les valeurs
de référence

Rapport
à l'autorité
favorisant l'autonomie,
la créativité
et l'innovation

Évaluation
et valorisation
des performances

Développement
personnel

Développement
des compétences
centrées sur le métier

Xavier MONTSERRAT

Chapitre 9

Développer
une vision partagée du futur

L'action talonne le rêve :
le concept « d'horizon vertical »

Il n'y a de motivation qu'à l'ombre d'une vision du futur. Dans l'espace temps des individus, l'avenir doit pouvoir être imaginé ou rêvé. Le concept « d'horizon vertical » exprime l'image d'une vision dynamique et motivante du futur. Cette figure symbolique résulte du croisement d'un axe horizontal, qui traduit la capacité à voir loin, à se projeter à la recherche de buts à atteindre et d'un axe vertical, qui représente une progression et un développement à la recherche d'un degré élevé de performance.

L'idée du futur est nécessaire au développement de la motivation. Elle conditionne la capacité à « être en projet », à se projeter dans l'avenir, en passant d'un « horizon invisible » à une vision du futur. Pour exister la motivation a besoin que la conscience s'ouvre sur l'avenir et lui offre une vision dynamique et émotionnellement ressentie du futur. L'intensité motivationnelle varie en fonction de la distance temporelle avec le but final. L'identification de l'objectif à atteindre et de la stratégie à mettre en œuvre constitue un facteur déterminant. Le registre de l'anticipation détermine celui de l'action.

Le concept « d'horizon vertical » exprime l'aspiration légitime à se projeter et à mobiliser ses ressources vers un but présentant un degré élevé de valeur d'atteinte. Sans objectif déterminé, l'individu s'épuise et gaspille son énergie. Cette projection dans le futur constitue un facteur de développement de la motivation. La vision et la compréhension du projet de l'organisation permettent d'identifier la cible collective et de mobiliser l'ensemble des énergies. Connaître l'objectif permet de s'adapter au contexte, en préfigurant ce que l'on anticipe. La quête de réalisation renvoie aux valeurs qui animent et déterminent les choix, elle permet de donner du sens à l'action quotidienne. Dans un monde à la rationalité croissante, l'anticipation, la prévision et la prospective, constituent des outils pour réduire l'incertitude face à l'avenir.

« L'horizon vertical » constitue une vision projetée et dynamique du futur. Envisager l'avenir, c'est déjà penser pouvoir le changer.

Éviter le risque de « Babelmotivation » ou l'absence d'objectifs communs partagés

La motivation trouve son essence dans la capacité à être en projet. Toutefois dans cette démarche, si la dimension temporelle est fondamentale, le rapport à autrui est essentiel. L'individu est rarement motivé seul et l'environnement social influence considérablement ses comportements. La notion de « Babelmotivation » traduit l'absence d'objectifs communs et partagés au service d'un élan collectif. Pour lutter contre ce risque fréquent au sein des organisations, il est essentiel de favoriser une vision collective et partagée du futur. En effet, « Il n'y a pas de mobilisation durable, sans une volonté collective associée à une vision du futur » souligne MICHEL GODET, prospectiviste et professeur au CNAM. La définition et la fixation des objectifs poursuivis en commun génèrent la motivation pour les réaliser.

La motivation trouve son essence dans la perspective des projets à venir.

Aiguiser l'appétit du futur

On ne peut laisser le désir d'agir en cage. Face au futur deux choix sont possibles, soit le subir passivement, soit se l'approprier. L'objectif de toute démarche de motivation est de rendre à l'individu le désir d'agir sur son avenir et lui permettre de devenir le « héros » de sa propre histoire. L'appétit du futur est un signe de motivation, c'est oser prendre le risque d'une rupture avec le présent, accepter le changement et s'affranchir des modèles du passé. Pour innover et progresser, il faut croire que « l'herbe peut être plus verte ailleurs », accepter de sortir de son cadre de référence et s'autoriser à aller au-delà de l'ordre établi. Chacun évolue en fonction de ce à quoi il aspire pour l'avenir.

La motivation passe par la vision d'un futur désirable, donnant du sens à la vie professionnelle et à l'action au quotidien. La pénibilité du travail a évolué, la souffrance psychique est souvent supérieure à la souffrance physique. L'appropriation du futur représente l'opportunité d'exercer sa liberté pour devenir acteur de son destin et favoriser l'épanouissement personnel. Désirer le futur, c'est oser prendre des risques. La vision du futur est une force mobilisatrice du désir générant un renforcement de la motivation. Comme l'observait LÉONARD DE VINCI : « l'humanité, c'est avant tout la capacité à développer des projets ».

« Le syndrome Tex Avery »

La dynamique de la vision du futur

La vision du futur donne des ailes et permet de mobiliser les énergies pour atteindre la cible. Le « syndrome Tex Avery » traduit l'aptitude à poursuivre une action engagée jusqu'à l'extrême, comme les héros de dessins animés qui sur leur lancée sont capables de marcher dans le vide. Cette attitude montre qu'une fois inscrit dans une perspective, l'être humain a une tendance naturelle à poursuivre l'action engagée, même si les difficultés le conduisent parfois à prendre des risques. Au nom du principe de cohérence, l'individu accepte souvent de poursuivre sur sa lancée et de s'engager sans filet. « Le syndrome Tex Avery » traduit la capacité à s'inscrire dans une vision du futur et à générer une dynamique au-delà d'un cadre de référence.

Chapitre 10

Favoriser un haut niveau d'exigence individuelle en lien avec les valeurs de référence

« *L'effet Galaad* » *ou la motivation par l'enjeu*

La civilisation grecque est à l'origine de « *L'Iliade et de L'Odyssée* », celle des Francs de « *la Chanson de Roland* » et le monde celtique a produit « *Le roman du roi Arthur et des chevaliers de la Table ronde* ». Ce conte celtique est centré sur la geste arthurienne et le thème de la quête du Graal. Un des héros de cet univers médiéval se nomme GALAAD. Dans le roman du roi ARTHUR « Galaad le pur » est le plus désintéressé des chevaliers de la Table ronde, celui que Merlin appelait « le meilleur chevalier du monde » et qui mènera jusqu'à son terme la quête du Graal.[1]

---

1. Xavier LANGLAIS : *Le roman du roi Arthur*, Édition d'Art H. Piazza. Paris, 1982.

Au sein des organisations, la « quête du Graal » vise aujourd'hui au développement de la performance et la recherche d'un niveau d'excellence. « L'effet Galaad » révèle à quel point la fixation d'un niveau d'exigence élevé est un puissant facteur de motivation. Plus un but est difficile à atteindre et plus la motivation est élevée chez ceux qui en relèvent le défi. Un haut niveau de valeur d'atteinte démontre en cas de succès un niveau de compétence personnelle élevé. La difficulté de l'objectif entraîne une motivation supérieure et améliore la performance. En outre, le résultat une fois atteint renforce le niveau d'estime de soi et la reconnaissance des autres. La performance contribue alors à alimenter à nouveau la motivation.

Le besoin de défi est inhérent à la nature humaine, la recherche des limites est une nécessité anthropologique.[1] Depuis son origine, l'être humain ne s'est jamais arrêté de conquérir le monde. Il porte en lui le besoin de frontières nouvelles et de territoires inconnus à explorer et à défricher. Sa véritable nature le pousse à flirter avec ses limites, à tenter de les connaître tout en cherchant à les repousser à l'extrême ou à les dépasser. À cette aspiration existentielle doit correspondre au sein des organisations des objectifs exigeants, générant une implication et un engagement forts. La quête des limites et la recherche du dépassement donnent davantage de sens à l'action. Ce défi à soi-même et aux autres, permet de mieux se connaître, mais surtout de se différencier et de s'affirmer au sein de

---

1. David LE BRETON : *Passions du risque,* Éditions Métaillé – Sciences humaines, 2000.

l'organisation. Paradoxalement, dans un environnement social où règne l'obsession sécuritaire et le principe de précaution, il devient nécessaire de réhabiliter la notion de prise de risque, de défi et de dépassement de soi.

> *Plus un but est difficile à atteindre et plus le degré de motivation est élevé chez celui qui en relève le défi. Un haut niveau de valeur d'atteinte démontre en cas de succès, un niveau de performance élevé.*

L'engagement, la prise de risque et la mobilité

La survie d'une organisation dépend de la capacité d'engagement de son dirigeant. Celui-ci doit accepter à titre personnel et professionnel de se compromettre, de prendre des risques au-delà des responsabilités qu'il exerce. Son engagement personnel conditionne l'engagement des membres de l'organisation. Pour devenir un « dirigeant signifiant », le leader doit être capable de servir de référence pour l'organisation. Cet engagement public implique l'acceptation d'une remise en cause permanente et d'une flexibilité des compétences permettant de faire face aux changements.

Toutefois, cette capacité d'engagement, de prise de risque et de mobilité varie selon l'âge, l'expérience et la phase du cycle de vie d'occupation d'un emploi. L'horizon profes-sionnel en début, au milieu ou en fin de vie profession-nelle tend nécessairement à se modifier. L'écart entre les ambitions et les résultats varie considérablement. Ainsi, selon les étapes de leur vie certaines personnes, malgré une existence apparemment sans soucis financiers, de tra-vail, de santé ou de famille, sont en quête de sens, comme s'il leur manquait quelque chose d'essentiel. Pourquoi ? Parce qu'il arrive un moment dans la vie où l'on se doit d'accomplir quelque chose, de laisser « une trace » de son passage. Faute de quoi, l'existence peut devenir difficile à supporter par excès de stabilité, par manque de change-ment et déficit d'engagement.

L'engagement, la prise de risque et la mobilité consentis ont un impact positif déterminant sur le développement du sentiment de compétence et le renforcement de la dynamique motivationnelle.

Les phases du cycle de vie d'occupation d'un emploi

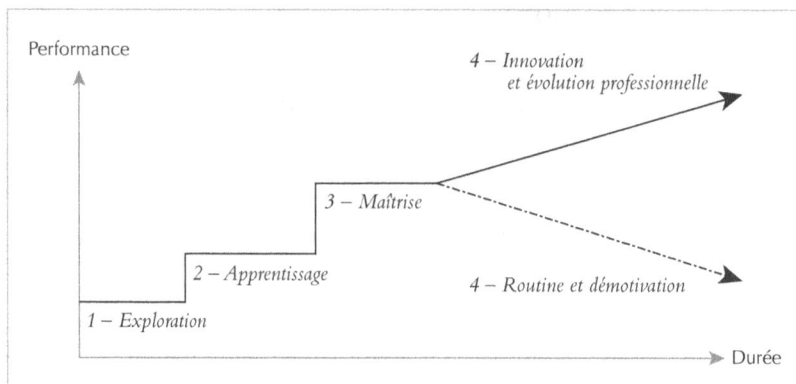

La notion de prise de risque se décline différemment selon l'objectif recherché. Celle-ci peut se traduire par exemple, par le choix d'une mobilité professionnelle, d'une expatriation ou d'une création d'entreprise.

La mobilité professionnelle volontaire, qu'elle soit verticale, horizontale ou diagonale, est un facteur de motivation. Le changement consenti est valorisant dans la mesure où il favorise des compétences nouvelles et développe l'affirmation de soi. Cette mobilité, dans le même secteur d'activité ou non, conduit à l'acceptation de nouvelles responsabilités, permet d'alterner des postes d'action et de réflexion, d'élargir les connaissances générales ou au contraire de les concentrer sur des fonctions spécialisées.

L'expatriation ou un séjour à l'étranger est également l'occasion d'ouvrir l'horizon professionnel et de permettre l'acquisition d'expériences nouvelles renforçant le sentiment de compétence. L'apprentissage d'une autre langue, la confrontation à des cultures nouvelles sont des sources exceptionnelles d'enrichissement personnel et professionnel. En outre, les avantages matériels le plus souvent liés à l'expatriation constituent un facteur de valorisation extrinsèque non négligeable.

La création d'une entreprise est une autre forme de défi et une aventure personnelle où l'esprit d'initiative et le goût du risque prennent le pas, au moins au début, sur une progression du niveau de rémunération. Le risque est réel, en

France l'INSEE comptabilise en moyenne 50 % d'échec après 3 ans d'activité, pour environ 250 000 entreprises créées ou reprises chaque année.

Le goût du défi et de la prise de risque varient selon les différentes phases du cycle de la vie professionnelle et en fonction d'une vision projetée du futur, entre rêve et réalité.

Les phases de la vision projetée du futur

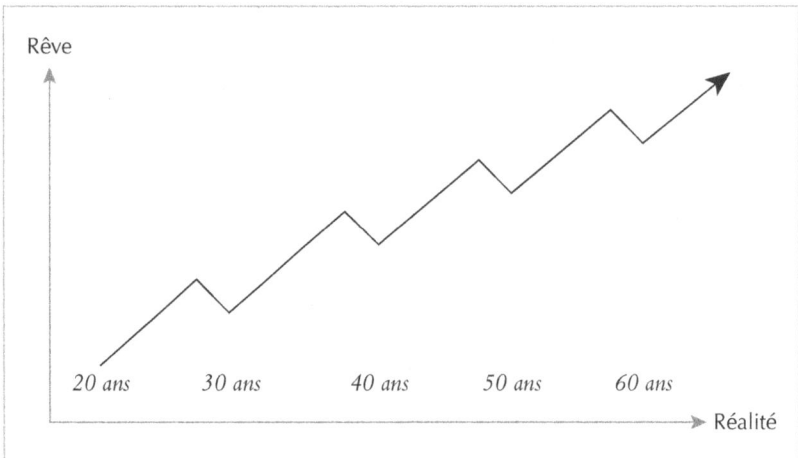

Sondage de l'institut Ifop : « J'aime ma boîte »

Ce sondage a été réalisé en septembre 2003, par l'institut Ifop-Ethic/Sofinco sur un échantillon de 611 personnes, représentatif de la population française.

Estimez-vous être attaché à votre entreprise ?

	Ensemble (%)
Total oui	83
Oui, tout à fait	51
Oui, plutôt	32
Total non	17
Non, plutôt pas	9
Non, pas du tout	8
Ne se prononcent pas	-
Total	100

Diriez-vous « j'aime ma boîte » ?

	Ensemble (%)
Oui	71
Non	29
Ne se prononcent pas	-
Total	100

Qu'est-ce qui explique le plus votre attachement à votre organisation ?

	Ensemble (%)
L'intérêt de votre travail	36
L'ambiance de travail et les relations avec vos collègues	28
Vos responsabilités dans votre travail	13
Les performances de votre entreprise	7
La fierté de travailler dans votre entreprise	6
Votre niveau de salaire	5
Vos liens avec votre patron	4
Ne se prononcent pas	1
Total	100

Dans le cadre de votre activité professionnelle, vous avez le sentiment de travailler en priorité pour :

	Ensemble (%)
Les clients de votre entreprise	37
Pour toute l'entreprise	24
Vous-même	20
Le patron et les actionnaires	11
L'État	6
Votre supérieur hiérarchique	2
Total	100

Promouvoir un rapport à l'autorité favorisant l'autonomie, la créativité et l'innovation

« L'effet IMHOTEP » ou le défi de l'innovation

L'être humain est le seul exemple d'une espèce qui ait réussi à ce point à influencer son environnement. Le besoin de créer et d'entreprendre est inhérent à la nature humaine. Dans un contexte où l'environnement professionnel développe des activités souvent trop prévisibles et répétitives, favorisant une certaine monotonie, les organisations doivent promouvoir un rapport à l'autorité favorisant, chaque fois que possible, l'autonomie, la créativité et l'innovation.

L'autonomie est la marge de manœuvre ou d'indépendance autorisée dans un cadre prédéfini. La créativité est la capacité d'avoir des idées nouvelles, tandis que l'innovation est l'aptitude à les concrétiser. L'innovation ne peut exister sans la créativité, ces deux notions étant complémentaires. L'autonomie, la créativité et l'innovation sont l'essence de la motivation. Aussi, il importe de les gérer et de favoriser le développement personnel fondé sur le parti pris de l'initiative et de l'action. Les objectifs de création et d'innovation donnent de la stimulation, de l'élan et de l'énergie. Ainsi que le souligne Alexandre SOLJENITSYNE : « Ce qui fait vivre, c'est de créer.»

Dans un contexte de crise des organisations prescriptives, l'autonomie, la créativité et l'innovation jouent un rôle essentiel dans l'épanouissement professionnel et constituent le moteur de la performance. Dès lors, le management de la motivation doit intégrer « l'effet Imhotep » comme un élément permettant de développer l'interdisciplinarité active et la performance des organisations.
(Voir le « syndrome Imhotep » page suivante)

« Le syndrome IMHOTEP »

Le force de la créativité et de l'innovation

IMHOTEP fait partie avec COPERNIC, GALILÉE, NEWTON, LÉONARD DE VINCI et d'autres, des génies créateurs universels. Médecin, architecte et sculpteur, il était également ministre et vénéré comme un grand prêtre, puis comme un dieu. Le défi d'IMHOTEP[a] a été celui de l'innovation et de la construction de monuments dans le désert. Dans une Egypte sans pyramide et sans sphinx, Imhotep invente l'irrigation et la taille du granit. Il crée une architecture nouvelle, faite pour la première fois uniquement de pierres taillée assemblées les unes aux autres. Bien avant les célèbres pyramides de Guizeh, il fait construire la première pyramide à degrés à Saqqarah pour le pharaon DJOSER. La construction des pyramides impose une organisation du travail complexe pour faire face à la multitude de tâches : l'extraction des pierres dans les carrières, l'acheminement des matériaux, la construction de rampes d'accès et d'échafaudages, puis la mise en œuvre et l'assemblage. L'action d'IMHOTEP exprime le défi de la créativité et de l'innovation face à l'espace et au temps.

a IMHOTEP : Médecin, architecte, ministre et grand prêtre, vers 2600 av. J.-C.

Chapitre 12

Conforter les compétences centrées sur le métier

« L'effet LANCELOT » ou le défi de la compétence

LANCELOT DU LAC est un autre héros médiéval de la geste arthurienne. Dans cet univers de la chevalerie, LANCELOT incarne le défi de l'efficacité et de la compétence. « Partout présent, l'écu serré au corps l'abritant au plus juste, la lance bien en ligne, le coup imparable, quiconque défie Lancelot du Lac n'a pas le temps de crier « touché », là où LANCELOT échoue personne ne peut réussir ».[1] Par analogie, « l'effet Lancelot » décrit la volonté de renforcer ses capacités et son potentiel pour atteindre un niveau élevé de perfection.

---

1. Xavier LANGLAIS : *Le roman du roi Arthur*, Édition d'Art H. Piazza. Paris 1982.

S'il est admis que la compétence professionnelle constitue la substance des organisations et un facteur déterminant de performance, on n'imagine pas à quel point le sentiment de sa « propre compétence » et la reconnaissance de celle-ci par l'organisation, constitue un facteur clé de motivation. Ce besoin de reconnaissance centré sur le métier se traduit par des tentatives de contrôle et de maîtrise des situations de travail. Selon les résultats, celles-ci génèrent un renforcement ou une atténuation de la motivation. Le succès des tentatives de contrôle incite l'individu à percevoir son niveau de compétence ou d'incompétence en fonction du degré de contrôle qu'il exerce sur son territoire professionnel. Encourager un individu à maîtriser son environnement lui permet d'intérioriser un système d'auto-récompense l'incitant à persévérer.

La recherche de l'auto-développement, en renforçant la compétence, incite à l'effort soutenu

L'être humain est à la fois « marbre et sculpteur » et ne peut échapper à une dynamique du « faire et en faisant se faire ».[1] Le sentiment de son efficacité personnelle et de sa propre compétence renforce sa confiance en lui. C'est un facteur essentiel de motivation, dans la mesure où le sentiment d'avoir la compétence pour réaliser une tâche, incite à consentir l'effort nécessaire pour la réaliser. La confiance s'acquiert par l'expérience des résultats atteints dans les

---

1. Jules LEQUIER (1814-1862) : philosophe.

tâches confiées et par la reconnaissance des compétences pour les atteindre. Par son travail, l'individu cherche une forme d'auto-développement personnel qui contribue à renforcer sa compétence. Une des valeurs essentielles est la constance de la progression, qui permet d'améliorer en permanence le niveau de compétence. Le développement de la motivation n'est possible que dans la poursuite des objectifs qui exigent des efforts et du dépassement. En outre, le transfert de savoir-faire à de nouveaux membres de l'organisation ou la capitalisation du savoir sous différentes formes, constituent une reconnaissance directe du niveau de compétence. Développer le sentiment de compétence centré sur le métier constitue une source réelle de motivation et de valorisation.

> *Chacun cherche à satisfaire son besoin de compétence. Le sentiment d'avoir la compétence pour réaliser une tâche, incite à consentir l'effort nécessaire pour la réaliser.*

En reconnaissant le besoin de développement de chacun, l'organisation qualifiante décuple son potentiel

Une organisation qualifiante considère la gestion de son portefeuille de compétences comme une priorité. Elle reconnaît le besoin fondamental d'auto-développement et de mise en perspective professionnelle de chacun. Cette organisation cherche à mobiliser les compétences pour développer et optimiser le potentiel d'action de chaque personne.

Le choix de favoriser ce type d'organisation implique l'investissement dans un projet de formation personnalisé, répondant au besoin de perspective professionnelle identifié. L'organisation qualifiante est valorisante, elle permet d'être compétent à ses propres yeux et à ceux de sa hiérarchie. C'est une organisation où l'on peut progresser. L'intérêt pour l'organisation y est fort et le personnel est motivé. Chaque membre de l'organisation est responsabilisé et la compétence s'exprime dans les actes au quotidien. Les objectifs sont définis et quantifiables, les résultats devenant mesurables peuvent être améliorés. Dans ce type d'organisation, le décalage entre les aspirations du personnel et les satisfactions tirées du travail est faible.

L'organisation qualifiante est capable d'intégrer de façon cohérente et complémentaire les savoir-faire individuels de ses membres.

À cet effet, il est nécessaire d'identifier, de cultiver et de démultiplier les compétences par la validation des acquis, la formation directe des intéressés et la formation de formateurs. L'organisation qualifiante est centrée sur le « cœur battant de chaque métier » et favorise la valorisation des compétences. En France, la Loi du 4 mai 2004[1] relative à la formation professionnelle tout au long de la

---

1. Loi N° 2004-391 publiée au Journal officiel N° 105 du 5 mai 2004.

vie, prévoit désormais que le développement des compétences des salariés constitue une obligation nationale pour les employeurs.

Motivation liée au développement de la compétence[1]

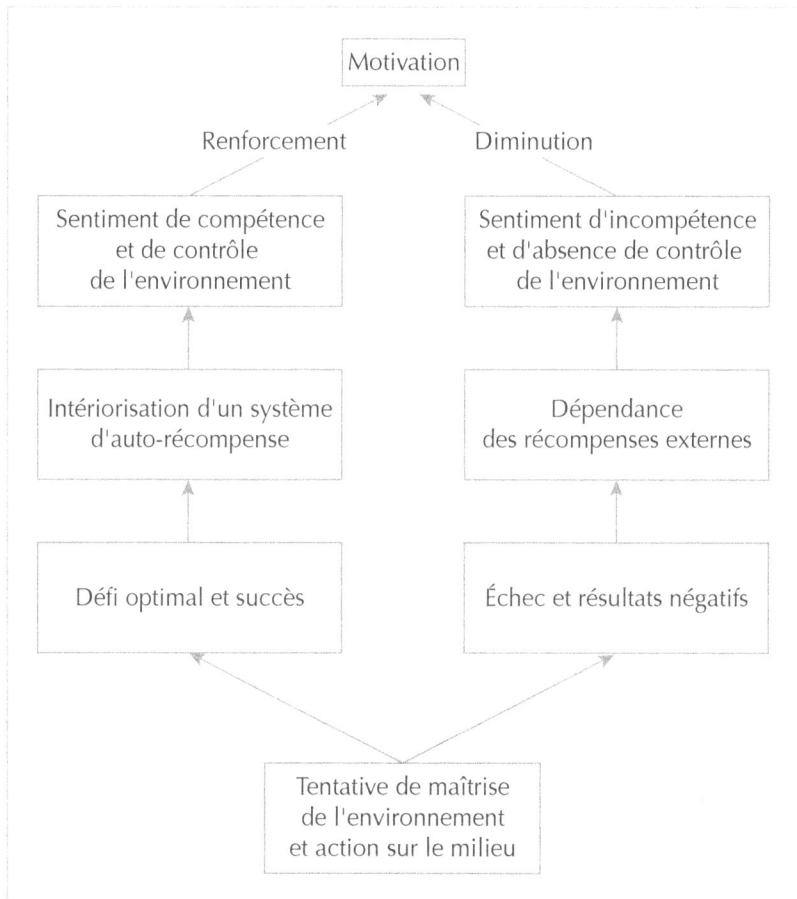

Motivation

Renforcement   Diminution

| Sentiment de compétence et de contrôle de l'environnement | Sentiment d'incompétence et d'absence de contrôle de l'environnement |

| Intériorisation d'un système d'auto-récompense | Dépendance des récompenses externes |

| Défi optimal et succès | Échec et résultats négatifs |

Tentative de maîtrise de l'environnement et action sur le milieu

---

1. Modèle proposé par Susan HARTER (1978).

Chapitre 13

Valoriser les performances pour donner du sens à leur évaluation

« L'effet Perceval » ou la valorisation des performances

Troisième héros médiéval de la geste arthurienne le chevalier PERCEVAL représente l'absolue nécessité de reconnaître et d'évaluer l'action menée. « PERCEVAL le Gallois savait bien qu'il n'épuiserait pas la somme des jours qui lui restaient à vivre sans subir d'autres tentations, sans affronter d'autres combats, il suppliait seulement son maître de lui épargner l'épreuve de l'indifférence, de toutes les épreuves PERCEVAL redoutait avant tout celle de l'indifférence ».[1] « L'effet PERCEVAL » souligne combien

---

1. Xavier LANGLAIS : *Le roman du roi Arthur*, Édition d'Art H. Piazza. Paris 1982.

l'épreuve de l'indifférence et du manque de reconnaissance affecte l'engagement et la performance.

Manager la motivation implique pour les dirigeants de développer un esprit de constante attention aux membres de l'organisation, avec la volonté de les valoriser en même temps que de les évaluer. Il est essentiel d'associer à la mesure de la performance, la reconnaissance et la valorisation des résultats. La reconnaissance positive vient de l'accomplissement d'une tâche, de l'importance du sentiment de son propre accomplissement et de la considération du groupe social. La motivation est un système fonctionnel et non mécanique. Dans tous les cas, le besoin de reconnaissance, de confiance et de valorisation est constant. Ce sont les récompenses intrinsèques qui génèrent les véritables performances (voir le « syndrome de Midas » page suivante).

La réhabilitation de la « valeur travail »

L'évaluation des performances commence par la réhabilitation de la « valeur travail ». En France, la Loi relative à la réduction du temps de travail,[1] louable dans son intention, a eu pour conséquence indésirable de favoriser la dépréciation de la « valeur travail ». Dans un contexte où la population active, notamment la plus jeune, connaît le

---

1. Loi N° 2000-37 du 19 janvier 2000 relative à la réduction du temps de travail

Le « syndrome de Midas »

La force de la motivation intrinsèque

MIDAS, roi de Phrygie est le héros mythique d'une légende populaire. Ayant obtenu la faveur de voir exaucé par DIONYSOS, le souhait qu'il formule, MIDAS demande que tout ce qu'il touche soit transformé en or. Le vœu porte en lui-même son châtiment : MIDAS découvre que tous les aliments qu'il porte à sa bouche se transforment en or. Devant l'évidence de son erreur, et menacé de mourir de faim, MIDAS supplie DIONYSOS de reprendre cette faveur. Le « mythe de MIDAS » suggère qu'on ne peut obtenir une performance à n'importe quel prix. À partir d'un certain niveau, l'aspect financier ne constitue plus une motivation suffisante à poursuivre l'action menée. Les motivations les plus puissantes sont intrinsèques.

chômage, la précarité et l'insécurité de l'emploi, cette orientation législative a eu pour effet indirect de renforcer la valorisation des loisirs, la consommation et l'individualisme. Désormais, de nombreux salariés ne souhaitent plus s'investir professionnellement davantage au bénéfice de leur organisation.

Dans un tel contexte de carence de motivation professionnelle, l'évaluation devient un exercice périlleux. Pour être recevable, celle-ci doit commencer par une démarche de reconnaissance par l'organisation de l'investissement individuel et collectif.

L'évaluation, outil d'épanouissement personnel

En tout état de cause et quel que soit l'environnement, l'évaluation des performances est une des tâches les plus difficiles de la gestion des ressources humaines. En effet, il n'y a de compétence et de performance qu'en acte et la difficulté apparaît quand il s'agit d'évaluer des résultats et un degré de satisfaction par rapport à un objectif déterminé. La priorité de toute évaluation est de s'inscrire dans la durée, afin de faire l'objet d'une réelle appropriation par les intéressés. Le processus d'évaluation doit être porteur de progrès, d'actions à entreprendre et non être un exercice annuel ritualisé et généralement vide de sens. L'évaluation est un point de contrôle périodique qui permet de revoir les objectifs ciblés, notamment la qualité des prestations, les délais de réalisation et les coûts. Le « triangle vertueux » de la performance n'est que rarement équilatéral.

Le triangle de la performance

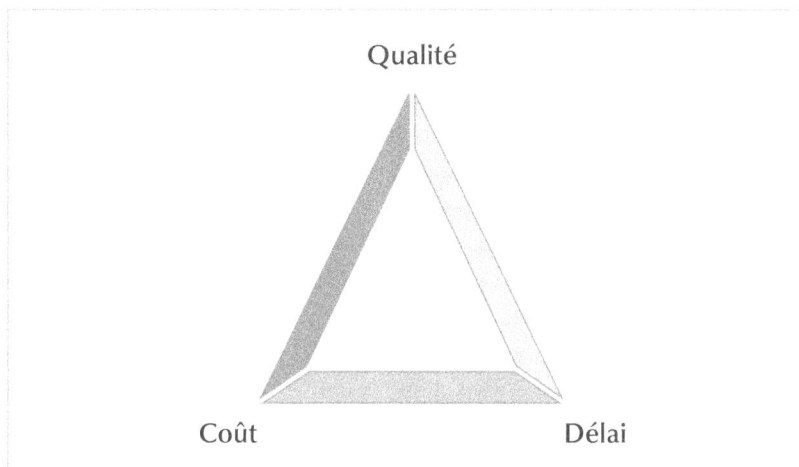

Qualité

Coût   Délai

Au plan méthodologique, l'évaluation des performances doit être conçue avant tout, comme une démarche de valorisation et de motivation. Elle personnalise la performance et évalue le mérite au niveau de la personne, de la fonction exercée et de l'organisation. Un système d'évaluation organisé et structuré comprend une démarche préalable d'autoévaluation, intégrant l'évaluation de la motivation.

Une démarche d'évaluation bien comprise est un instrument de motivation et d'épanouissement personnel. Elle permet la reconnaissance des compétences et l'appropriation des actions à entreprendre. L'évaluation est également l'occasion d'évoquer la perspective de trajectoires professionnelles, de mobilité interne ou externe.

> *L'acceptation de l'évaluation témoigne du degré de motivation pour une activité et d'implication pour l'organisation.*

L'évaluation et le suivi des performances permettent d'objectiver les situations, de mettre en perspective l'objectif initial et les résultats atteints. L'acceptation de cette démarche par les membres de l'organisation est une force et non une faiblesse. Elle traduit une compréhension des enjeux et des situations de travail, ainsi qu'une reconnaissance des efforts accomplis en lien avec le contexte et les résultats obtenus.

En dépit des difficultés particulières de cet exercice, une évaluation de qualité constitue un ressort de la motivation. « L'effet Perceval » ou l'épreuve de l'indifférence doit toujours être redouté. Il n'est de pire réaction que l'indifférence ou le désintérêt face à une action menée.

Chapitre 14

Prendre en considération l'aspiration au développement personnel

Le développement personnel connaît aujourd'hui un succès spectaculaire et les librairies proposent de nombreux ouvrages sur le sujet. Courant de pensée issue des sciences humaines, cette approche vise à optimiser le potentiel individuel en développant la connaissance de soi et l'efficacité personnelle. La philosophie du développement personnel considère qu'il y a en chacun de nous un potentiel à renforcer et que la tendance naturelle est la recherche de la mobilisation de ce potentiel. Le développement personnel est centré notamment, sur l'affirmation de soi, l'écoute, la compréhension des autres, le contrôle des émotions et la gestion du stress. C'est une méthode qui permet de visualiser et de valoriser le sens de l'action, de mieux se situer au sein d'une organisation, d'accroître la confiance en soi et de favoriser la motivation.

Les techniques de développement personnel

Les techniques de développement personnel sont fondées sur des approches diverses, telles que la programmation neurolinguistique, l'analyse transactionnelle, la sophrologie, le team-building, le coaching personnel ou les différentes méthodes d'amélioration de la communication et des relations interpersonnelles. Dans tous les cas, ces techniques se focalisent sur la personnalité et la relation entre les individus. En accroissant la connaissance de soi, l'énergie et l'espérance de réussite, ces outils ont l'avantage d'aider à faire face aux exigences de la vie, au plan professionnel et personnel. Un panorama rapide permet de différencier les principales techniques de développement personnel et d'analyser leur impact sur la motivation.

La programmation neuro-linguistique, une pédagogie du changement

Née dans les années 1970 en Californie, la programmation neuro-linguistique est une discipline créée à l'initiative de John GRINDER, docteur en linguistique et de Richard BANDLER, docteur en informatique. Le terme de « neurolinguistique » a été inventé en 1933 par Alfred KORZYBSKI, ingénieur et créateur de l'Institut de sémantique générale, pour expliquer que le langage structure la façon dont nous pensons. Le terme de « programmation » a été ajouté par GRINDER et

BANDLER, pour montrer que tout au long de la vie nous nous programmons en mettant en place des façons de penser, de ressentir et de se comporter.

La PNL a trouvé sa place dans le management des ressources humaines et de la communication, mais également dans l'enseignement, dans le secteur social, dans la psychothérapie ou dans le sport. La PNL développe une pédagogie du changement et de l'excellence qui influence positivement la motivation des individus. Elle tend à évoluer vers la modélisation, en permettant d'analyser les expériences subjectives et de comprendre pourquoi certaines personnes réussissent pleinement leur vie personnelle, sociale et professionnelle.

L'analyse transactionnelle, une approche pragmatique

L'analyse transactionnelle est une autre technique de développement personnel proposée au début des années 1950, par le psychiatre et psychanalyste américain ERIC BERNE. C'est à la fois une théorie de la communication et un outil d'analyse de la personne. Cette technique tire son nom du terme de « transaction » qui désigne un échange, verbal ou non verbal entre individus. La philosophie de l'analyse transactionnelle se fonde sur deux principes de base : d'une part, chaque personne a de la valeur, de l'importance et de la dignité en tant que personne, quel que soit son statut psychologique, sociologique ou économique.

D'autre part, chaque personne a la capacité de penser et la responsabilité de décider de ce qu'elle veut faire de sa vie et doit en supporter les conséquences.

L'analyse transactionnelle est une technique qui offre des moyens pour favoriser des changements et des progrès dans les comportements habituels. Ses principaux concepts se fondent sur les « états du moi », les « transactions», les « signes de reconnaissance et de structure », les « positions de vie » et les « scénarios de vie ». L'analyse transactionnelle est une approche pragmatique du comportement et de la structure psychique des individus. Elle contribue à l'autonomie, au développement et à la motivation des personnes.

La sophrologie, un « yoga occidental »

La sophrologie est une méthode spécifique d'étude et de développement de la conscience, qui est à la fois une philosophie et une thérapeutique. Créée en 1960, par le neuropsychiatre colombien Alfonso CAYCEDO, elle est née de l'alliance des différentes traditions et cultures de l'Orient et de l'Occident. Cette philosophie a pour but l'épanouissement des personnes, une plus grande communication et une meilleure intégration de l'être humain dans son environnement. Elle étudie l'individu dans les modifications de ses états de conscience, des niveaux de vigilance et dans les moyens de produire ces modifications. La sophrologie rassemble différentes méthodes comme la relaxation, le yoga, le training autogène, les techniques respiratoires et des exercices de développement personnel qui permettent de retrouver une harmonie du corps et de l'esprit. La sophrologie favorise l'expression du potentiel individuel, permet l'harmonisation de l'être avec son existence et l'épanouissement global de la personnalité.

Parfois considérée comme une forme de « yoga occidental », la sophrologie favorise l'élargissement du champ de conscience. C'est une technique anti-stress qui en intervenant sur les niveaux de vigilance, se donne les moyens de relativiser des événements vécus ou à vivre, les événements spécifiques ou quotidiens, afin de créer les conditions pour les vivre de la manière la plus adéquate possible. La sophrologie propose des exercices simples pour apprendre à se détendre, à mieux se connaître physiquement ou psychiquement et par là, augmenter la confiance en soi, l'harmonie et l'épanouissement personnel.

Le team-building, la force de l'action collective

Autre forme de développement personnel recherché, les séminaires de *team-building* ont pour objectifs de renforcer l'esprit d'équipe et de mettre en place sur le terrain des outils permettant de développer et de reconnaître les valeurs, les qualités et les compétences. Le *team-building* permet de renforcer l'équipe autour d'un but, de révéler et d'accroître son potentiel, d'améliorer ses performances, d'évaluer ses compétences et de récompenser ses résultats.

Basé sur l'échange et le partage dans l'action, le *team-building* peut être global, ou porter sur un objectif précis, comme l'amélioration de la communication collective, la mise en confiance d'un groupe, le développement de la solidarité ou la gestion du stress.

Cette démarche, doit permettre d'aider à identifier et comprendre certains mécanismes liés au bon fonctionnement de l'organisation ou simplement entretenir l'esprit d'équipe par des événements ludiques, sportifs ou touristiques. À travers le jeu et le sport notamment, les participants doivent faire preuve d'esprit d'équipe, de volonté et de solidarité, autant de valeurs au service de la motivation que les organisations cherchent à développer parmi leurs membres.

Le coaching personnel, un guide pour la mobilisation des ressources

Inspiré des pratiques anglo-saxonnes d'entraînement sportif ou de formation académique, le coaching réservé initialement aux cadres dirigeants des entreprises, est désormais utilisé au sein de tous les types d'organisation. Au-delà de l'effet de mode, le coaching répond à une demande croissante de reconnaissance et d'accomplissement dans un contexte de changement accéléré. Associé à la notion de guidance et d'aide à la mobilisation des ressources, c'est une technique qui favorise l'accroissement

210

des performances. Elle permet l'accompagnement personnalisé d'un individu, dans un cadre professionnel ou personnel, pour renforcer son autonomie et sa motivation.

La Société française de coaching définit officiellement cette technique comme « l'accompagnement de personnes ou d'équipes pour le développement de leurs potentiels et de leurs savoir-faire dans le cadre d'objectifs professionnels ». C'est une relation de confiance entre deux personnes, qui s'inscrit dans une méthode non directive d'accompagnement, pour faire face aux défis personnels et professionnels. Le coach n'est ni un formateur, ni un tuteur et encore moins un thérapeute, il ne donne pas de prescription, ne contrôle et n'influence pas directement l'activité de l'intéressé, mais cherche à le responsabiliser par le questionnement, l'écoute, la reformulation et la distanciation critique. Cette relation d'aide et d'appui psychologique est codifiée par une méthodologie et une déontologie précise, permettant un diagnostic préalable et une gestion efficace dans le temps.

Le rôle du coach est de guider et d'entretenir la motivation afin de tirer le meilleur parti du potentiel individuel. Il ne formule pas de jugement, mais aide à faire prendre conscience des obstacles et à ajuster le comportement pour faire face à des situations difficiles, des conflits, des projets à réaliser ou l'adaptation au changement. Le coach ne joue pas le match à la place de l'intéressé, il le motive, l'oriente et l'inspire pour aller au-delà de ses limites et affronter les obstacles. Le coach est un superviseur indépendant et objectif qui garde une distance critique, à la différence des relations d'aide habituelle.

« Les douze travaux d'Hercule »

Les ressources du développement personnel

Le mythe légendaire d'HERCULE est le plus célèbre de la mythologie grecque, il possède une forte signification symbolique. Ce mythe évoque le combat et la puissance de l'être humain face à lui-même, à la nature et aux dieux. À l'image de la démarche de développement personnel, HERCULE relève le défi des douze travaux : « le lion de Némée, l'Hydre de Lerne, le sanglier d'Erymanthe, la biche aux pieds d'airain, les oiseaux du lac Stymphale, le taureau de Crète, la cavale de Diomède, la ceinture d'Hippolyte, les écuries d'Augias, les boeufs de Géryon, les Pommes d'or et le Cerbère ». Comme HERCULE, chaque individu confronté à lui-même et à son environnement, peut chercher, grâce aux techniques de développement personnel, à améliorer sa connaissance de soi, sa réactivité, son efficacité personnelle et sa performance.

Au sein de chaque organisation, il est nécessaire de prendre en compte les attentes de développement personnel et de donner les outils nécessaires, en veillant toutefois à éviter le risque du narcissisme ou de la régression psychologique. Les techniques de développement personnel sont parfois associées entre elles, comme le coaching et la PNL, elles contribuent à une approche globale de l'être humain et favorisent, à la fois au plan personnel et professionnel, la dynamique de la motivation.

Chapitre 15

La spirale de la motivation : donner à chacun les moyens de créer, maintenir et renforcer sa propre motivation

Dans la recherche de la motivation optimale, il n'existe pas de solution toute faite ou de référence unique. Toutefois, un certain nombre d'orientations stratégiques peuvent inscrire les organisations dans une dynamique favorisant une spirale de la motivation. Le pré-requis impose d'être vigilant, car la motivation ne peut se développer dans un contexte de démotivation préexistante et les organisations créent davantage les conditions de la démotivation que celles de la motivation. Dès lors, il est nécessaire de s'attaquer d'abord aux causes réelles de la démotivation et non de se contenter de soigner les symptômes.

Au-delà de la « boîte noire » de la motivation, l'objectif est de recentrer l'organisation sur l'aspect humain. Il s'agit de favoriser l'engagement individuel et la performance collective, pour éviter l'immense « gâchis social et humain » de la démotivation, véritable cancer des organisations aux conséquences psychologiques et comportementales incalculables. Au sein de chaque organisation, il est possible de développer une stratégie motivationnelle anticipatrice et réactive visant au perfectionnement et à la valorisation des individus. Cette conception du management de la motivation cherche à créer un contexte favorable permettant d'aider chaque individu à se motiver lui-même.

> Face à la difficulté de motiver les individus, il faut développer une stratégie permettant d'aider chacun à renforcer sa propre motivation.

La spirale de la motivation

- 1 -
Affirmation
de valeurs
partagées

- 2 -
Vision du futur
et adhésion
à un projet
collectif

- 8 -
Évaluation
et valorisation
des performances

- 3 -
Reconnaissance
d'un statut social
et de compétences
spécifiques

Motivation
et
performance

- 7 -
Développement
des compétences
centrées
sur le métier

- 4 -
Exercice explicite
de responsabilités
et sentiment
d'utilité

- 6 -
Sentiment
d'équité
et de respect

- 5 -
Accès
à l'information
et participation
à la prise
de décision

Xavier MONTSERRAT

Conclusion

Qu'est-ce qui nous pousse à agir ? L'étude de la motivation conduit à la découverte de modèles complexes et fascinants. Toutefois, dans ce domaine rien n'est jamais acquis une fois pour toute, il n'existe pas d'universalisme des théories de la motivation. Le développement de la motivation n'est jamais un processus stabilisé, il nécessite un ajustement et une adaptation permanente des pratiques et des actions.

Motiver commence d'abord par ne pas démotiver, une évidence que les dirigeants des organisations doivent davantage prendre en considération. L'action sur les différents leviers de la motivation peut générer ensuite un cercle vertueux qui constitue un vecteur essentiel de performance. La motivation et la performance renforcent ce processus, en s'alimentant mutuellement. L'éthique, la compétence et la reconnaissance sont les facteurs clés de ce renforcement.

Dans un contexte d'incertitude et d'accélération du changement, il convient de veiller à positionner en permanence la motivation au cœur des pratiques managériales. Or, cette dimension fondamentale de la gestion des ressources humaines est encore insuffisamment développée dans le cadre de la formation et de la pratique des équipes dirigeantes. Le management de la motivation réclame une connaissance de l'être humain à laquelle les sciences de la gestion ne préparent pas suffisamment.

Motiver c'est avant tout savoir donner à chacun des raisons d'agir. Élément déterminant du développement humain, la motivation renforce la cohérence de l'action, le niveau de performance et constitue une valeur ajoutée à la fois pour l'individu et pour l'organisation. Il n'y a pas de performance au sein d'une organisation sans une motivation durable des professionnels qui y travaillent. Le management de la motivation est sans doute l'un des plus « vieux métier du monde », mais c'est aussi une fonction nouvelle appelée à se développer dans l'avenir.

Glossaire

ABSENTÉISME : Absence fréquente du lieu de travail pour des raisons de santé, de découragement ou de fuite, liées aux conditions de vie au travail.

ACTION : Faculté d'agir, de manifester sa volonté en accomplissement un acte. Passer à l'action implique un mouvement, un engagement.

APTITUDE : Qualités physiques ou intellectuelles, mises en évidences dans certaines circonstances, notamment pour résoudre des difficultés particulières.

ASSERTIVITÉ : Expression, reconnaissance et contrôle des émotions. Comportement actif visant à prendre conscience de sa propre valeur et à s'affirmer sans agressivité, en prenant l'initiative et en communiquant ses émotions.

AUTORITÉ : Pouvoir fondé sur la position hiérarchique, la compétence, le pouvoir qu'on s'attribue. Droit de commander, pouvoir de décision, pouvoir d'imposer des ordres. Évolution des pratiques de management, d'une logique d'autorité vers une logique de responsabilité.

BESOIN : État d'insatisfaction lié à un sentiment de manque. Situation de ce qui est nécessaire ou indispensable.

CARRIÈRE : Évolution professionnelle fondée sur la reconnaissance d'une aptitude à exercer des responsabilités supérieures. De plus en plus, la notion de trajectoires professionnelles tend à se substituer à celle de carrière.

CHANGEMENT : État de ce qui évolue, change d'état, de nature, de substance, évolution, mutation, novation.

COMPÉTENCE : Aptitude à effectuer certains actes. Ensemble de connaissances théoriques et pratiques, de savoir-faire technique et de savoir-faire relationnel, attendues dans une situation donnée. Mise en œuvre de capacités permettant d'exercer convenablement une activité ou une fonction. Résultat d'une interaction entre les aptitudes, capacités innées, les expériences, les formations et les attitudes, Manière d'être. Les compétences sont acquises par les études, l'expérience professionnelle, les recherches personnelles ou les activités de loisir.

COMPLEXITÉ : Les systèmes organisationnels éprouvent de grandes difficultés à intégrer la complexité des changements. Peut être considéré comme complexe, tout ce qui n'est pas modélisable, c'est-à-dire reproductible.

CULTURE D'ORGANISATION : Ensemble des traditions de structure et de savoir-faire censé assurer un code de comportement implicite et la cohésion à l'intérieur d'une organisation.

DÉCISION : Choix du comportement optimal en fonction des informations disponibles. Choix volontaire de faire ou de ne pas faire une action.

DÉLÉGATION : Acte par lequel une autorité charge un membre de l'organisation d'exercer tout ou partie de ses pouvoirs à sa place. La contrepartie de la délégation est le contrôle.

DÉONTOLOGIE : Ensemble de règles et de devoirs qui régissent une profession, la conduite de ceux qui l'exercent, les rapports entre ceux-ci et le public. Terme créé par Jérémie BENTHAM, à partir du grec « logos » : science ou théorie et de « déon » : ce qu'il faut faire.

DÉSIR : Appétence, attirance, envie, tentation… Prise de conscience d'une tendance vers un objet connu ou imaginé. Terme qui traduit également l'objet du désir.

DÉVELOPPEMENT PERSONNEL : Ensemble des processus psychologiques qui permettent à un individu de satisfaire son besoin d'accomplissement.

ÉMOTION : Réaction affective, l'émotion est ce qui nous meut, nous fait avancer vers un objectif. Elle se manifeste par divers troubles, surtout d'ordre neurovégétatif (agitation, pâleur, rougissement, accélération du pouls, palpitations, tremblements, sensation de malaise…)

EMPATHIE : Capacité à percevoir l'émotion des autres. Capacité à comprendre le cadre de référence à partir duquel l'autre s'exprime. L'empathie doit être différenciée de la sympathie, qui est un jugement favorable de l'autre.

ENGAGEMENT : Situation d'affirmation de soi qui crée des responsabilités et implique des choix.

ÉQUIPE : Ensemble d'individus réunis pour réaliser une activité. Groupe de travail fondé sur une organisation, une communication et une cohésion. Les meilleurs résultats apparaissent dans les équipes qui pratiquent la délégation et la prise de responsabilité.

ÉQUITÉ : Notion de justice naturelle dans l'appréciation de ce qui est dû à chacun. Attitude qui consiste à régler sa conduite sur le sentiment naturel du juste et de l'injuste. (Latin : oequitas = égalité)

ÉTHIQUE : Agir référé à un sens, art de diriger la conduite. Doctrine fondatrice qui énonce des principes et des règles de comportement. C'est une réflexion sur les fondements des valeurs et de la morale. Si la morale est plus collective, l'éthique est individuelle. L'éthique constitue une aide à la décision individuelle.

ÉVALUATION : Action de déterminer la valeur d'une activité, d'un individu ou d'un bien. Pas de véritable valorisation sans évaluation préalable.

FONCTION : Exercice d'un emploi, d'une activité professionnelle.

FUTUROLOGIE : Perception du futur qui tente de prendre en compte l'ensemble des données actuelles sous différents plans (économique, sociologique, démographiques)... et de les projeter dans l'avenir.

GRATIFICATION : Mode de reconnaissance, somme versée à quelqu'un en sus de sa rémunération, satisfaction psychologique.

HIÉRARCHIE : Classement des fonctions et des pouvoirs au sein d'une organisation selon un rapport de subordination.

HOMMAGE : Expression, témoignage de respect, d'admiration ou de reconnaissance.

IMPLICATION : Une manière volontariste de s'investir. Énergie pour la recherche d'un certain idéal. Attitude générant un effet d'entraînement pour les autres.

INCENTIVE : Terme anglais désignant à la fois, motivation, récompense, bonus et encouragement : « They offered him an incentive, reward for doing something. » « There is no incentive to hard work » : rien ne vous incite à travailler dur. « Incentive : reason for doing something ». « He has got no incentive » : il n'a aucune motivation ; « This gave me an incentive » : cela m'a motivé.

LEADERSHIP : Capacité d'un détenteur de pouvoir à entraîner l'adhésion de ses subordonnés. Mécanisme d'identification positive et de projection de ses subordonnés sur le leader. Capacité à susciter la participation volontaire de personnes ou de groupes, au regard d'objectifs à atteindre. Aptitude à entraîner les hommes, à transmettre une vision globale et à générer une dynamique collective. Position de commandement, de direction.

MANAGEMENT : Action de conduire une organisation, de la diriger, de planifier son développement et de la contrôler, selon la définition de Raymond-Alain THIETART. Gestion rationnelle et humaine d'une organisation.

Management par projet : Le management par projet se distingue du management institutionnel. C'est un ensemble de méthodes et de techniques, crées pour la conception, l'analyse et la conduite d'activités temporaires, irréversibles et non répétitives, réalisées sous contraintes de temps, en engageant des ressources limitées. Le management par projet fait référence à une nouvelle approche organisationnelle du management des organisations. Celle-ci traite un grand nombre d'aspects d'opérations courantes, comme s'ils étaient des projets, afin de leur appliquer les méthodes du management de projet.

Manipulation : Démarche frauduleuse visant à orienter insidieusement les comportements.

Mobilisation : Processus externe et collectif de soutien de l'action. Démarche consistant à fédérer et dynamiser les énergies, par la création d'un intérêt suffisant pour agir.

Motivation : Force interne et individuelle qui pousse un individu à l'action. Ensemble des facteurs qui déterminent les comportements, processus de mise en mouvement et d'action. La motivation est la somme des forces qui agissent sur un individu ou en lui-même, pour le pousser à s'engager dans une direction déterminée et le conduire vers un but. C'est la tension qui oriente le comportement vers un objectif et qui maintient ce comportement jusqu'à ce que l'objectif soit atteint. La motivation confère à toute conduite la force, la direction et la persistance.

NORME : Conduite considérée comme attendue dans une organisation donnée, règles non écrites faisant partie du patrimoine et de l'histoire de l'organisation (habitudes, privilèges…).

ORGANISATION : L'organisation est un ensemble finalisé caractérisé par une hiérarchie, l'existence de règles internes de fonctionnement, ainsi qu'une inscription dans la durée. La notion d'organisation recouvre des institutions diverses qui se fixent des objectifs déterminés. L'organisation se fonde sur la division des tâches et la coopération interne entre ses membres.

PARTENARIAT : Relation contractuelle entre deux ou plusieurs personnes physiques ou morales, concourant à réaliser un projet par la mise en commun de moyens matériels, intellectuels, humains ou financiers et un partage de résultats.

PERFORMANCE : Recherche d'un rapport optimal entre l'organisation et les ressources disponibles en termes de qualité, de coût et de délai.

POTENTIEL : Qualités susceptibles de se développer chez une personne et de développer sa performance au travail.

POUVOIR : Autorité, puissance de droit sur quelqu'un ou quelque chose. Les notions d'autorité et de pouvoir sont souvent assimilées l'une à l'autre. L'autorité est le pouvoir fondé sur la position hiérarchique. C'est la puissance fondée sur le droit qui légitime le commandement. L'autorité trouve son fondement soit dans le positionnement hiérarchique, soit dans la compétence technique et le savoir-faire, soit dans la morale. Le pouvoir résulte de l'influence, de la force, de l'habileté, ou encore de la maîtrise d'une situation. L'exercice du pouvoir se traduit par l'autorité et par le commandement.

PROJET : Expression d'un vouloir individuel ou collectif, le concept de projet est unique, temporaire et soumis à la contrainte de ressources limitées.

PROSPECTIVE : Démarche pluridisciplinaire d'inspiration systémique, qui conduit à l'exploration des futurs possibles pour faire face à l'incertitude de l'avenir. Dialectique entre anticipation et action, visant à l'exploration systématique des futurs possibles. Méthode d'aide à la décision, par l'approche globale du futur, au travers de scénarios multiples. Le terme de prospective a été inventé par le philosophe Gaston BERGER. Une des difficultés majeures de la prospective est de déceler quelles sont les motivations profondes des acteurs dans la durée.

QUALITÉ : « Ensemble des caractéristiques d'une entité qui lui confèrent l'aptitude à satisfaire des besoins exprimés et implicites » (Norme ISO 8402). Ensemble de ce qui concoure à structurer une organisation autour de sa raison d'être.

RATIONALITÉ : Recherche des moyens les plus efficaces pour atteindre un but donné. Motifs conscients qui poussent une personne à agir.

RATIONALITÉ LIMITÉE : Terminologie utilisée par le prix Nobel d'économie, Herbert SIMON, pour souligner que le plus souvent, les acteurs se contentent de solutions plus raisonnables que rationnelles, plus satisfaisantes qu'optimales.

RECONNAISSANCE : Acte d'identification mutuelle. Au sein d'une organisation le statut et le positionnement constituent des signes forts de reconnaissance sociale et professionnelle. La reconnaissance du travail accompli et l'évaluation des performances, sont des activités prioritaires du manager.

RESPONSABILITÉ : Obligation ou nécessité morale de remplir un devoir ou un engagement et de rendre compte de ses actes. La responsabilité conduit à veiller à la bonne santé physique et morale des personnes et à s'assurer de la sécurité des biens de l'organisation.

RITE : Ensemble de règles présentant un caractère social et collectif. Au sein d'une organisation de nombreuses attitudes sont ritualisées : rite de passage, d'initiation, d'interaction, festif.

SATISFACTION : Action de combler les désirs et les besoins. Indicateur résultant du processus de motivation.

STRATÉGIE : Art de faire évoluer une organisation au sein d'une réalité complexe, pour développer son niveau de performance. Vision ou concept mis au service d'une action.

STRESS : Le terme de stress est employé dans un sens plus spécifique, pour désigner les tensions engendrées par des conflits internes non résolus ou des situations difficiles à résoudre et provoquant des états d'anxiété, voire des états névrotiques.

Le stress est un phénomène physiologique qui devient pathologique s'il y a défaut d'adaptation. Il peut être positif ou négatif, cette notion a été décrite par le docteur Hans Selye, biologiste canadien en 1936. Étymologiquement, le mot « stress » provient du latin « stringere » : mettre en tension.

SYNERGIE : Amplification des forces par leur convergence.

THÉORIE : Ensemble d'idées et de concepts appliqués à un domaine particulier, construction intellectuelle méthodique de caractère hypothétique et synthétique. (Du latin « theoria », observation, contemplation).

VALEUR : Référence à un système de valeur, valeur ajoutée, valorisation. Croyance ou convictions partagées par l'ensemble des membres d'une organisation. Moteur de l'action, les valeurs contribuent à sa légitimisation.

Bibliographie

C.P. ALDERFER : *Existence, relatedness and growth*, Free-press, 1972.

John Langshaw AUSTIN : *How to do things with words*, Oxford University Press, 1962.

Nicole AUBERT : *Diriger et motiver*, Éditions d'Organisation, 1998.

Alain BAVELIER : *L'Homme et ses motivations*, Éditions Retz, 1998.

Constant BEUGE : *La motivation au travail des cadres africains*, L'Harmattan, 1998.

Anne BRUCE, J.S. PEPITONE : *Motivating employees*, Mac Graw Hill, 1999.

Robert B. CIALDINI : *Influence*, Ed. W. Morrow & Co. Inc, New-York, 1984.

Jean-François CLAUDE : *L'éthique au service du management*, Éditions Liaisons, 1998.

E. DECI : *Why we do what we do ?* Putnam, 1995.

E. DECI & R. RYAN : Intrinsic motivation & self-motivation in *human behavior*, Plenum Press, 1985.

J.F. DECKER : *Être motivé et réussir*, Éditions d'Organisation, 1988.

Guy DELAIRE : *Commander ou motiver* ? Éditions d'Organisation, 1985.

E. DICHTER : *Motivations et comportements humains*, CLM publi-éditions,1972.

Paul DIEL : *Psychologie de la motivation*, PUF, 1947.

Paul DIEL : *Le symbolique dans la mythologie grecque*, Payot, 1966.

Hélène FEERTCHAK : *Les motivations et les valeurs en psycho-sociologie*, Éditions Armand Colin, 1996.

Gilbert GARIBAL : *Guide du bénévolat et du volontariat*, Marabout, 1998.

Octave GELINIER : *Stratégie de l'entreprise et motivation des hommes*, Éditions d'Organisation, 1994.

Christine HARVEY : *Successful motivation, Institute of management* : Hodder & Stoughton, 1992.

Frederick HERZBERG : *Work and the nature of man*, World publishing Co, 1966.

Frederick HERZBERG : *Le travail et la nature de l'Homme*, Entreprise moderne d'éditions, 1975.

E.E. LAWLER : *Pay and organizationnal effectiveness : a psychological perspective*, John Wiley, 1971.

H. LEVINSON : *Les motivations de l'Homme au travail*, Éditions d'Organisation, 1974.

Claude LEVY-LEBOYER : *La crise de la motivation*, PUF, 1993.

Claude LEVY-LEBOYER : *La motivation dans l'entreprise, modèles et stratégies,* Éditions d'Organisation, 1998.

Kurt LEWIN : *Psychologie dynamique, les relations humaines*, PUF, 1959.

Kurt LEWIN : *The conceptual Representation and the measurement of psychological Force*, Duke University Press, 1938.

D.C. MAC CLELLAND : *Human motivation*, Glenview, 1985.

D. MAC GREGOR : *The human side of entreprise*, Mac Graw Hill, 1960.

Abraham H. MASLOW : *Motivation and personnality*, New York, Harper & Row, 1954.

Sandra MICHEL : *Peut-on gérer les motivations*, PUF, 1994.

J.B. MINER : *Role motivation theories*, Routledge, 1993.

Alex MUCCHIELLI : *Les motivations*, PUF, 1981.

H.A. MURRAY : *Explorations in personnality*, Oxford University Press, 1938.

Joseph NUTTIN : *Théorie de la motivation humaine, du besoin au projet d'action*, PUF, 1980.

Arthur R. PELL : *Encadrer et motiver une équipe*, Éditions Le plein d'idées.

L.W. PORTER **& E.E.** LAWLER : *Managérial attitudes and performance*, Harvard University, Boston, 1968.

S. RONEN : Motivational need taxonomies, in Dunette & Hough, *Handbook of industrial and organizational psychology*, Palo Alto Consulting Psychologists Press.

B. F. SKINNER : *Science and human behaviour*, Macmillan, 1953.

B. F. SKINNER : *Beyond Freedom and dignity*, Penguin, London, 1973.

B. F. SKINNER : *About behaviourism*, Vintage Books, New York, 1976.

Jacques TEBOUL, **Jean-Dominique** CHIFFRE : *La motivation et ses nouveaux outils*, ESF, 1988.

Kenneth W. THOMAS : *Intrinsic motivation at work*, Berrett-Koehler Publishers, Inc, 2000.

Jean-Claude TOUSSAINT : *Vaincre la démotivation*, Chotard et associés éditeurs, 1989.

Robert. J. VALLERAND, **Edgard. E.** THILL : *Introduction à la psychologie de la motivation*, Éditions Études Vivantes (Québec), 1993.

Victor VROOM : *Work and motivation*, John Wiley & Sons, 1964.

Victor VROOM & Edwward L. DECI : *Management and motivation*, New York, first édition 1970, second édition 1992.

B. WEINER : *Human motivation*, Rinahart & Winston, 1980.

Table des modèles théoriques et illustrations

Partie 1 - Les théories : où en sommes-nous ?

- La théorie de la pyramide de MASLOW (p. 33)
- Le modèle bi-factoriel de HERZBERG (p. 37)
- La théorie des besoins d'ALDERFER (p. 40)
- Les théories du besoin d'accomplissement de MURRAY et MAC CLELLAND (p. 41)
- Le modèle de MINER et le modèle de RONEN (p. 43)
- La théorie du conditionnement opérant de SKINNER (p. 47)
- La théorie VIE de l'expectation-valence de VROOM (p. 48)
- La théorie performance et motivation de PORTER et LAWLER (p. 50)
- La théorie de l'effet de tache et de l'effet de temps de RAYNOR (p. 51)
- La théorie de l'attribution de WIENER (p. 52)
- La théorie de la fixation des buts de LOCKE (p. 53)
- La théorie des champs de vie de LEWIN (p. 55)
- Le modèle relationnel de la motivation : théorie Individu-Environnement de NUTTIN (p. 57)

www.ingramcontent.com/pod-product-compliance
Lightning Source LLC
Chambersburg PA
CBHW070309200326
41518CB00010B/1941